中国社会科学院创新工程学术出版资助项目

中/国/社/会/科/学/院
中国社会科学评价中心

2015

马克思主义理论学科

期刊评价报告

主　编

荆林波

副主编

吴敏　姜庆国　吴波　苏金燕　杨发庭

中国社会科学出版社

图书在版编目（CIP）数据

马克思主义理论学科期刊评价报告.2015／荆林波主编.—北京：
中国社会科学出版社，2015.9
ISBN 978 – 7 – 5161 – 6666 – 6

I.①马…　II.①荆…　III.①马克思主义理论—期刊—研究报告—
中国—2015　IV.①G255.2

中国版本图书馆 CIP 数据核字（2015）第 266970 号

出 版 人	赵剑英
责任编辑	喻 苗
责任校对	王有学
责任印制	王 超

出 版	中国社会科学出版社
社 址	北京鼓楼西大街甲 158 号
邮 编	100720
网 址	http://www.csspw.cn
发 行 部	010 – 84083685
门 市 部	010 – 84029450
经 销	新华书店及其他书店

印刷装订	北京君升印刷有限公司
版 次	2015 年 9 月第 1 版
印 次	2015 年 9 月第 1 次印刷

开 本	787 × 1092　1/16
印 张	15.75
插 页	2
字 数	268 千字
定 价	58.00 元

主　编

荆林波

副主编

吴　敏　姜庆国　吴　波　苏金燕　杨发庭

编写组

王力力　张青松　徐璟毅　郝若扬　冯守礼

刘潇潇　耿海英　逯万辉　余　倩　邹青山

陈媛媛　高　永　贺大兴　李双套　沈江平

王海滨　孙　波　刘德中　张晓敏

出版说明

　　构建具有鲜明中国特色的社会科学评价体系，是在新的历史起点上推动哲学社会科学发展、建设哲学社会科学创新体系的迫切要求。基于占领中国哲学社会科学评价研究的制高点，掌握哲学社会科学学术评价的话语权，引领中国哲学社会科学发展方向的战略考量，中国社会科学院 2013 年底成立了中国社会科学评价中心。经过近一年的努力，2014 年 11 月 22 日，中国社会科学评价中心正式发布了《中国人文社会科学期刊评价报告（2014年）》和《中国人文社会科学期刊综合评价指标体系》等研究成果，对 733 种中文人文社会科学学术期刊进行了评价，引起学术界的广泛关注和好评。

　　为充分了解我国人文社会科学期刊发展现状，促进人文社会科学期刊和人文社会科学的良性互动，中国社会科学评价中心在此基础上确定了马克思主义理论、文学、历史学、法学、国际政治学、中国经济、金融学和综合等 8 个学科或专题期刊评价报告的研究和写作目标，以进一步将人文社会科学期刊评价工作推向深入。

　　人文社会科学期刊评价报告坚持马克思主义立场、观点、方法，牢牢把握正确的政治方向和学术导向，实现学术性与政治性的统一。评价报告秉持鲜明的问题意识，始终贯穿强烈的问题导向，高度关注人文社会科学期刊的发展特点和存在的重大问题。评价报告注重评价的开放性和公正性，处处体现严肃的科学精神，以精准扎实的数据支撑起每一个判断和结论。评价报告体现逻辑结构的严整性，分别从各学科或专题期刊的基本情况、发文情况、作者情况、关注热点和存在问题与建议等五个方面，从形式到内容完整展现人文社会科学期刊的发展状况。

　　希望人文社会科学期刊评价报告能够得到学术界的热心关注，大家携起手来，共同努力，使中国学术更好地走向未来，走向世界！

马克思主义理论是一门从整体上研究马克思主义基本原理和科学体系的学科。按照不同的划分标准，马克思主义理论学科研究内容的划分有所差异，但主要研究内容相同。如国务院学位委员会、教育部将该学科的主要研究内容划分为马克思主义基本原理、马克思主义发展史、马克思主义中国化研究、国外马克思主义研究、思想政治教育和中国近现代史基本问题研究六个方面[①]；中华人民共和国学科分类与代码国家标准（GB/T 13745—2009）将马克思主义设为马、恩、列、斯思想研究，毛泽东思想研究，马克思主义思想史，科学社会主义，社会主义运动史（包括国际共产主义运动），国外马克思主义研究和马克思主义其他学科，共计七个部分。[②]

本报告基于期刊视角分析马克思主义理论学科期刊与学科的现状、问题，提出相关对策建议，探讨期刊建设与学科发展良性互动的路径。本报告主要包括五个部分的内容：一是马克思主义理论学科期刊基本情况；二是马克思主义理论学科期刊发文情况；三是马克思主义理论学科期刊作者分析；四是马克思主义理论学科期刊关注热点分析；五是马克思主义理论学科期刊存在的问题与建议。

[①] 2005 年 12 月，国务院学位委员会、教育部颁布《关于调整增设马克思主义一级学科及所属二级学科的通知》，规定新增设马克思主义一级学科，设置于"法学"门类内，下设五个二级学科，即马克思主义基本原理、马克思主义发展史、马克思主义中国化研究、国外马克思主义研究、思想政治教育。2008 年，国务院学位委员会、教育部增加了一个新的二级学科：中国近现代史基本问题研究。

[②]《中华人民共和国国家标准 GB/T 13745—2009》，由中华人民共和国国家质量监督检验检疫总局、中国国家标准化管理委员会于 2009 年 5 月 6 日发布，2009 年 11 月 1 日实施。

目　录

图表目录

一

马克思主义理论学科期刊基本情况

（一）该学科各类型文献的作用

学术研究具有继承性和关联性特点，学者在论文选题、论证和撰写的过程中需要参阅大量文献。对于一篇完整的学术论文来说，著录参考文献不可或缺。通过文中著录的参考文献，一般可推断出某个学科领域学者的文献使用习惯。2009—2013 年 5 年间，人文社会科学 23 个学科在我国 733 种期刊（参见附录一）上发表论文共计 67.89 万篇，著录的参考文献数量为 775.15 万个，平均每篇论文著录的参考文献数量为 11.42 个。其中，马克思主义理论学科平均每篇论文著录的参考文献数量为 8.16 个（如表 5 所示）。通过对马克思主义理论学科期刊发表的 14304 篇论文中著录的 116663 条参考文献进行分析，可得出以下结论。

1. 图书

马克思主义理论学科研究领域学者使用的文献类型相对集中，图书是最主要的文献来源，占参考文献总数的 51.19%（如表 1 所示）。除哲学（53.48%）和文学（52.22%）外，马克思主义理论是使用图书最多的学科（如表 5 所示）。

表 1　马克思主义理论学科参考文献类型与数量统计（2009—2013 年）

序号	引文类型	数量（篇或本）	占比（%）
1	图书	59717	51.19

续表

序号	引文类型	数量（篇或本）	占比（%）
2	期刊	27231	23.34
3	报纸	6629	5.68
4	报告、标准和专利	2956	2.53
5	专著、论文集析出论文	2291	1.96
6	论文集	972	0.83
7	学位论文	426	0.37
8	网络文献和外文文献	8937	7.66
9	其他类型资料	7504	6.43
	合计	116663	100.00

注：本表以我国人文社会科学领域的733种期刊为统计来源，期刊名单参见附录一。

　　马克思主义理论学科图书作者被引用次数最多的依次是马克思、胡锦涛、毛泽东、邓小平和江泽民，该学科引用的图书由2696个出版社出版，其中被引用较多的出版社如表2所示。人民出版社是该学科被引用次数最多的出版社，该社出版的图书在2009—2013年5年内共计被引用2万多次；中央文献出版社位列第二，该社出版的图书被引用3432次；商务印书馆位列第三，所出版的图书被引用2350次。

表2　　马克思主义理论学科出版社图书被引用情况（2009—2013年）

序号	出版社	被引次数	序号	出版社	被引次数
1	人民出版社	20064	12	中共党史出版社	652
2	中央文献出版社	3432	13	江苏人民出版社	513
3	商务印书馆	2350	14	世界知识出版社	479
4	中国社会科学出版社	1578	15	新华出版社	420
5	三联书店	1408	16	中华书局	377
6	社会科学文献出版社	1360	17	上海译文出版社	360
7	上海人民出版社	1294	18	华夏出版社	340
8	中国人民大学出版社	1120	19	东方出版社	323
9	北京大学出版社	932	20	高等教育出版社	322
10	中共中央党校出版社	841	21	重庆出版社	301
11	中央编译出版社	683			

2．期刊

期刊是马克思主义理论研究第二大文献来源，占 23.34%（如表 1 所示），马克思主义理论学科使用期刊的比例列 23 个人文社会科学学科中的第 19 位。总体上，期刊而不是图书为人文社会科学研究第一大文献来源。从 2009—2013 年 733 种期刊使用的参考文献来看，期刊居第一位，占参考文献总数的 37.74%；图书居第二位，占参考文献总数的 32.31%（如表 5 所示）。环境科学（65.37%），人文地理学（59.51%）和图书馆、情报与档案学（54.93%）是使用期刊最多的三大学科；宗教学（15.41%）、历史学（17.87%）和哲学（18.04%）是使用期刊最少的三个学科。

3．报纸

报纸是马克思主义理论研究第三大文献来源，占 5.68%（如表 1 所示）。在 23 个人文社会科学学科中，马克思主义理论是使用报纸文献最多的学科，其次是政治学（5.41%）和新闻学与传播学（5.35%）；使用报纸文献最少的是心理学（0.05%）、统计学（0.33%）和语言学（0.35%）。

马克思主义理论学科报纸作者被引用较多的依次是习近平、刘云山、江泽民、胡锦涛和温家宝。该学科引用的报纸有 774 种，2009—2013 年 5 年内被引用较多的报纸如表 3 所示。《人民日报》是该学科被引用次数最多的报纸，该报纸被引用 2756 次；《光明日报》位列第二，被引用 438 次；《解放日报》位列第三，被引用 191 次。

表 3　　马克思主义理论学科报纸被引用情况（2009—2013 年）

序号	报名	被引次数	序号	报名	被引次数
1	人民日报	2756	6	环球时报	54
2	光明日报	438	7	北京日报	50
3	解放日报	191	8	文汇报	45
4	学习时报	187	9	中国社会科学报	44
5	参考消息	134	10	中国青年报	42

从中国知网（CNKI）报纸库数据来看，《光明日报》发表该学科文章最多，计179篇，《人民日报》发表111篇，《解放日报》发表14篇。王伟光、李捷、冷溶、陈先达、陈晋、聂锦芳、包心鉴、韦建桦、程恩富和韩庆祥等是该学科报纸文章的主要撰写者。

表4　　　　　马克思主义理论学科报纸发文情况（2009—2015年）　　　单位：篇

年份	人民日报	光明日报	解放日报	CNKI 收录的所有报纸
2015	9	12	1	78
2014	36	41	7	418
2013	17	43	2	359
2012	17	19	4	186
2011	11	30	—	137
2010	12	19	—	153
2009	9	15	—	111
合计	111	179	14	1442

注：

a）该表数据来自 CNKI 报纸库；

b）检索时间：2015 年 6 月 24 日；

c）检索策略：来源报纸 =（人民日报 or 光明日报 or 解放日报）and 中图分类号 = A，其中中图分类号"A"是马克思主义、列宁主义、毛泽东思想和邓小平理论；

d）需要注意的是，CNKI 报纸库是选择性地收录报纸文章，也就是说虽然 CNKI 报纸库收录了某一报纸，但并未收录该报纸的全部文章，然后再通过人工判断的方法对收录的文章进行分类，因此该表数据仅供参考。

4. 其他

在马克思主义理论研究中，学位论文的使用量较少，仅占 0.37%，是除文学（0.36%）外使用学位论文最少的学科。该研究领域网络文献和外文文献的使用亦较少，仅占 7.66%，居于第 19 位。心理学（43.38%）、管理学（30.62%）和统计学（29.12%）是使用网络文献和外文文献最多的三学科，使用该类型文献最少的是考古学（2.78%）、历史学（6.07%）和民族学与文化学（6.38%）。

从使用的参考文献类型看，自然科学领域学者的文献使用习惯与人文社会科学领域有着一致之处，期刊居于第一位，图书居于第二位。但进一

表5　人文社会科学23个学科期刊发文、著录参考文献的类型与数量统计（2009—2013年）

学科	各类型参考文献与总参考文献数百分比（%）									参考文献总数	发文总数	篇均参考文献数
	期刊	图书	论文集	图书、论文集析出论文	网络文献和外文文献	报纸	学位论文	报告、标准和专利	其他类型资料			
法学	26.20	41.21	1.87	2.30	10.05	3.35	0.74	6.21	8.08	409660	23291	17.59
管理学	51.06	10.98	0.39	0.86	30.62	0.87	1.55	2.03	1.65	456707	29745	15.35
环境科学	65.37	9.66	0.48	0.54	17.98	0.37	2.07	1.74	1.79	100063	8931	11.20
教育学	39.34	31.10	1.03	1.82	14.13	2.53	1.83	3.02	5.20	302209	36756	8.22
经济学	53.66	15.07	0.45	0.95	19.96	1.83	1.52	3.63	2.92	1089488	107221	10.16
考古学	34.81	38.55	4.83	6.29	2.78	1.86	0.92	6.40	3.56	156813	10860	14.44
历史学	17.87	45.81	2.67	8.99	6.07	3.73	0.60	6.64	7.61	301831	14462	20.87
马克思主义理论	23.34	51.19	0.83	1.96	7.66	5.68	0.37	2.53	6.43	116663	14304	8.16
民族学与文化学	30.43	45.21	2.50	3.77	6.38	2.33	1.10	3.00	5.28	242747	22751	10.67
人文地理学	59.51	14.10	0.61	0.96	18.06	0.88	2.28	1.49	2.11	195939	12172	16.10
社会学	47.74	21.82	1.30	2.21	16.83	2.54	1.33	2.26	3.97	102893	7223	14.25
体育学	52.20	21.22	0.61	0.51	14.70	1.73	2.87	1.66	4.51	187129	15892	11.78
统计学	53.75	11.13	0.32	0.80	29.12	0.33	1.26	1.90	1.38	36629	4850	7.55
图书馆、情报与档案学	54.93	12.06	1.16	1.40	14.53	0.99	1.97	4.19	8.78	437886	44091	9.93

续表

学科	各类型参考文献与总参考文献数百分比（%）									参考文献总数	发文总数	篇均参考文献数
	期刊	图书	论文集	图书、论文集析出论文	网络文献和外文文献	报纸	学位论文	报告、标准和专利	其他类型资料			
文学	19.64	52.22	2.59	9.86	8.04	2.86	0.36	2.21	2.22	218076	20618	10.58
心理学	47.13	4.81	0.13	2.17	43.38	0.05	1.59	0.22	0.51	153582	5654	27.16
新闻学与传播学	45.93	25.25	1.24	2.09	8.82	5.35	0.91	3.34	7.06	105215	17176	6.13
艺术学	26.47	43.08	2.54	5.14	6.58	3.42	1.01	6.81	4.95	94851	12584	7.54
语言学	34.23	30.90	2.23	4.34	23.18	0.35	1.59	0.73	2.44	232317	15678	14.82
哲学	18.04	53.48	1.93	6.08	13.72	1.14	0.48	2.71	2.42	121249	10591	11.45
政治学	27.19	37.67	0.94	1.99	14.07	5.41	0.69	4.65	7.39	512324	49481	10.35
宗教学	15.41	49.58	2.54	10.99	7.47	0.97	0.64	6.86	5.55	30422	1591	19.12
综合性人文社会科学	30.22	45.15	2.02	3.65	8.79	2.93	0.93	2.14	4.18	2146853	192965	11.13
平均/合计	37.74	32.31	1.49	2.98	14.11	2.24	1.21	3.40	4.52	7751546	678887	11.42

注：本表以我国人文社会科学领域的 733 种期刊为统计来源。

步比较的话，自然科学和人文社会科学学者的文献使用习惯又有较大差异。自然科学领域学者更加偏好使用期刊，期刊占参考文献总量的79.68%，图书仅占 11.36%，然后依次是国际会议论文、科技报告、学位论文、国内会议论文、专利和网络资源等。[①] 在人文社会科学领域，人文学科学者和社会科学学者的使用习惯也有所不同。

（二）该学科主要期刊

1. 主要期刊名录

综合中国社会科学院、南京大学、北京大学和武汉大学 4 家学术评价机构对马克思主义理论学科期刊的评价情况，辅以中国知网、万方数据、重庆维普 3 家期刊数据库对该学科的分类，目前我国马克思主义理论学科的学术期刊主要有 19 种（如表 6 所示）。其中，中国社会科学院对该学科的 14 种期刊进行评价，南京大学 CSSCI 收录 12 种该学科期刊，武汉大学评出 6 种核心期刊，北京大学的评价对象分类未单独列出马克思主义理论学科；中国知网收录 7 种，万方数据收录 4 种，重庆维普数据库未将马克思主义理论学科单独列出。

表6　　　　　　　　　　　马克思主义理论学科期刊

序号	刊名	社科院	南大	北大	武大	知网	万方	维普
1	当代国外马克思主义评论			—		是	是	—
2	当代世界社会主义问题	是	是	—				—
3	当代世界与社会主义	是	是	—	是			—
4	中国高校社会科学		是					
5	国外理论动态	是	是					—
6	教学与研究	是	是					—
7	科学社会主义	是	是	—				—
8	理论视野		是	—				—

① 俞以勤、余农、龚裕等：《对 1999—2004 年全国优秀博士学位论文文后参考文献的统计与分析》，《现代情报》2007 年第 6 期。

续表

序号	刊名	社科院	南大	北大	武大	知网	万方	维普
9	马克思主义研究	是	是	—	是	是		—
10	马克思主义与现实	是	是	—	是	是	是	—
11	毛泽东邓小平理论研究	是	是	—	是	是	是	—
12	毛泽东思想论坛			—		是		
13	毛泽东思想研究	是		—		是	是	
14	毛泽东研究					是		
15	求是	是						
16	社会主义研究	是	是	—	是			
17	思想政治教育研究	是						
18	中共党史研究	是						
19	中国特色社会主义研究	是	是	—	是			—
	合计期刊数（种）	14	12	0	6	7	4	0

注：表中列名解释如下。

a)"社科院"，指中国社会科学院中国社会科学评价中心发布的《中国人文社会科学期刊评价报告（2014年）》，http：//www.cssn.cn/xspj/201411/t20141125_1415277.shtml；

b)"南大"，指南京大学中国社会科学引文索引，http：//www.cssci.com.cn；

c)"北大"，指朱强、蔡蓉华、何峻：《中文核心期刊要目总览：2011年版》，北京大学出版社2011年版；

d)"武大"，指邱均平：《中国学术期刊评价研究报告（2013—2014）》，科学出版社2013年版；

e)"知网"，指中国知网 http：//www.cnki.net/；

f)"万方"，指万方数据 http：//www.wanfangdata.com.cn/；

g)"维普"，指重庆维普 http：//www.cqvip.com/。

2. 期刊主办单位

根据期刊刊载内容，结合我国马克思主义理论学科的划分标准，本报告将中国社会科学院中国社会科学评价中心评价的我国内地主办的14种期刊作为马克思主义理论学科的主要学术期刊（如表7所示）。这14种期刊刊载的论文涵盖了马克思主义理论学科的主要研究领域，基本可以满足对马克思主义理论学科期刊进行评价的要求。

表7　　　　　　　　　　马克思主义理论学科期刊基本信息

序号	刊名	主办单位	创刊时间	出版周期	出版地点
1	求是	中国共产党中央委员会	1988	半月刊	北京
2	马克思主义研究	中国社会科学院	1983	月刊	北京
3	马克思主义与现实	中共中央编译局	1990	双月刊	北京
4	国外理论动态	中共中央编译局	1991	月刊	北京
5	教学与研究	中国人民大学	1953	月刊	北京
6	社会主义研究	华中师范大学	1978	双月刊	湖北
7	当代世界与社会主义	中共中央编译局	1980	双月刊	北京
8	毛泽东邓小平理论研究	上海社会科学院	1980	月刊	上海
9	中共党史研究	中共中央党史研究室	1988	月刊	北京
10	中国特色社会主义研究	北京市社会科学界联合会	1995	双月刊	北京
11	当代世界社会主义问题	山东大学	1984	季刊	山东
12	科学社会主义	中国科学社会主义学会	1984	双月刊	北京
13	思想政治教育研究	哈尔滨理工大学	1985	双月刊	黑龙江
14	毛泽东思想研究	四川省社会科学院	1983	双月刊	四川

（1）中共中央编译局在马克思主义理论学科期刊群中扮演重要角色

从期刊的主办单位看，14种期刊中，有3种期刊由中共中央编译局主办，有4种期刊由社会科学院（或社会科学界联合会）主办，另有4种期刊由高等学校主办。中共中央编译局在马克思主义理论学科学术交流中发挥着重要作用。

（2）主办单位多数位于北京

从期刊的出版地看，14种期刊中，有9种期刊的出版地在北京（约占64%），其他5种期刊的出版地分布在5个不同的省份。按行政区域划分，除西北地区外，华北、东北、华东、中南、西南，各地区均有覆盖。

（3）期刊创刊时间相对较短

从创刊时间看，马克思主义理论学科期刊的平均创刊时间为32年，与人文社会科学期刊①的平均创刊时间 36 年相比，该学科期刊的平均创刊时间短 4 年，在所有 23 个学科的平均创刊年限中，列第 20 位（从长到短排列，如表 8 所示）。《教学与研究》于 1953 年创刊，是 14 种期刊中创刊最早的。

表 8　　　　　　　　人文社会科学 23 个学科期刊创刊年限分析

序号	学科	平均创刊年限	平均出版周期（天）	序号	学科	平均创刊年限	平均出版周期（天）
1	哲学	42	60	13	宗教学	34	90
2	考古学	41	70	14	教育学	33	45
3	艺术学	41	74	15	经济学	33	44
4	体育学	40	47	16	民族学与文化学	33	72
5	综合性人文社会科学	40	55	17	社会学	33	58
6	统计学	39	37	18	法学	32	55
7	心理学	39	51	19	环境科学	32	33
8	图书馆、情报与档案学	37	46	20	马克思主义理论	32	48
9	历史学	36	77	21	新闻学与传播学	32	45
10	文学	35	63	22	管理学	30	45
11	人文地理学	34	45	23	政治学	30	58
12	语言学	34	70		平均值	36	55

（4）期刊出版周期较短

从期刊的出版周期看，14 种期刊的平均出版时间是 48 天②，其中有 7 种是双月刊，占 50%；有 5 种是月刊，约占 36%；另有 1 种半月刊、1 种季刊。在人文社会科学期刊中，有 417 种期刊是双月刊，约占 57%；月刊 201 种，约占 27%。比较而言，马克思主义理论学科期刊的月刊比例更高。与人文社会科学期刊的平均出版周期（55 天，见表 8）相比，

---

① 此处的"人文社会科学期刊"以 733 种人文社会科学期刊为统计样本，下同。

② 半周刊出版时间按 3 天计算，旬刊按 10 天计算，半月刊按 15 天计算，月刊按 30 天计算，双月刊按 60 天计算，季刊按 90 天计算，半年刊按 180 天计算。

马克思主义理论学科期刊的平均出版周期短 7 天，列第 10 位（从短到长排列）。

部分期刊近些年来存在刊期改变的情况。如《当代世界与社会主义》自 2003 年起由季刊改为双月刊，《马克思主义研究》自 2006 年、《毛泽东邓小平理论研究》自 2004 年、《中共党史研究》自 2009 年起均由双月刊改为月刊。

2014 年 11 月，中国社会科学院中国社会科学评价中心完成"中国人文社会科学期刊综合评价指标体系"的设计工作，并将该指标体系运用到了实践中，对我国人文社会科学期刊从吸引力、管理力和影响力三个层次进行评价。下面就从吸引力、管理力和影响力三个方面对马克思主义理论学科 14 种期刊进行分析。

（三）期刊吸引力

1. 期刊获奖情况

（1）获奖情况分析

中国出版政府奖是我国新闻出版领域的最高奖，每三年评选一次，旨在表彰和奖励国内新闻出版业优秀出版物、出版单位和个人。本报告数据采集自第二届（2010 年）和第三届（2013 年）中国出版政府奖及其提名奖期刊名单（第一届中国出版政府奖没有期刊获奖）。733 种期刊中共计有 10 种期刊获奖，其中马克主义理论学科有两种期刊获奖，即《求是》2010 年获得第二届中国出版政府奖优秀期刊奖，《中共党史研究》2010 年获得第二届中国出版政府奖期刊提名奖，2013 年获得第三届中国出版政府奖优秀期刊奖。

"广电总局百强"指的是国家新闻出版广电总局公布的"百强报刊"名单。733 种期刊中共计有 35 种期刊进入，其中包括两种马克思主义理论学科期刊，分别是《马克思主义研究》和《中共党史研究》。

马克思主义理论学科论文获奖情况主要体现在"高等学校科学研究优秀成果奖（人文社会科学）"和"中国社会科学院优秀成果奖"这样的综合奖项中。[①]《马克思主义研究》刊载论文获奖最多，《教学与研究》、

---

① 此处数据使用的是 2009—2013 年的获奖名单。

《社会主义研究》、《当代世界与社会主义》、《毛泽东邓小平理论研究》
等期刊也有论文获得过上述奖项。

　　综合期刊各奖项数据，马克思主义理论学科期刊在"中国出版政府
奖"和国家新闻出版广电总局"百强报刊"中表现突出。其中《求是》、
《中共党史研究》和《马克思主义研究》3 种期刊表现较好，获奖较多。

表 9　　　　　　人文社会科学 23 个学科期刊奖项、基金资助分布

序号	学科	出版政府奖	广电总局百强	国家社会科学基金资助	学科期刊总数
1	综合性人文社会科学	5	17	64	187
2	宗教学	0	0	2	2
3	政治学	0	1	14	68
4	哲学	0	1	6	15
5	语言学	1	1	7	32
6	艺术学	0	0	5	16
7	新闻学与传播学	0	0	3	11
8	心理学	0	0	1	7
9	文学	0	1	9	24
10	图书馆、情报与档案学	0	0	4	31
11	统计学	0	0	1	4
12	体育学	0	0	4	14
13	社会学	1	1	6	15
14	人文地理学	0	0	1	12
15	民族学与文化学	0	1	6	27
16	马克思主义理论	2	2	7	14
17	历史学	0	1	9	32
18	考古学	1	2	5	18
19	经济学	0	3	20	109
20	教育学	0	0	7	33
21	环境科学	0	0	0	5
22	管理学	0	2	5	25
23	法学	0	2	8	32
	总计	10	35	194	733

（2）同行评议情况分析

　　整体上看，学科专家、期刊编辑和读者三个层面的同行对马克思主义理论学科期刊的打分是一致的。《求是》在三个层面的同行评议中分值都较高，所以同行评议总分值在本学科排在第一。《马克思主义研究》在专家和读者两个层面比《中共党史研究》和《马克思主义与现实》略高一点，但是在编辑层面打分高出较多，因此同行评议总分值也超过 40 分，位于第二。《中国特色社会主义研究》、《毛泽东邓小平理论研究》、《科学社会主义》、《当代世界与社会主义》和《社会主义研究》的同行评议分值差距较小，但是《中国特色社会主义研究》和《社会主义研究》在编辑层面的分值相对较高。

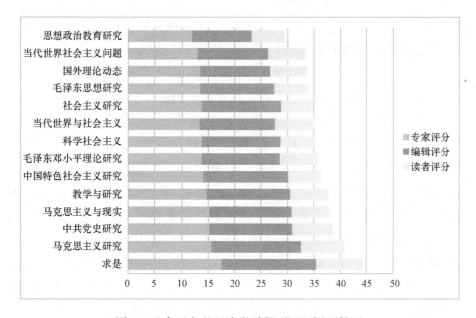

图1　马克思主义理论学科期刊同行评议情况

2．获得资助情况

（1）国家社会科学基金对马克思主义理论学科期刊的资助力度较大

　　为进一步发挥国家社会科学基金的示范引导作用，推动期刊资助管理规范化、制度化，全国哲学社会科学规划办公室制定了《国家社会科学基金学术期刊资助管理办法（暂行）》。国家社会科学基金期刊资助的宗旨是：通过有重点、持续性的资助，促进我国学术期刊改善办刊条件，提高办刊质量，扩大学术传播力和社会影响力。全国哲学社会科学规划办公室公布了两批共计 200 种资助期刊名单。在报告采用的 733 种统计期刊中，共计 194 种入选（资助率为 26.47%）。马克思主义理论学科 14 种期刊中，有 7 种期刊获得国家社会科学基金资助（资助率为 50%），分别是《马克思主义研究》、《中共党史研究》、《马克思主义与现实》、《教学与研究》、《中国特色社会主义研究》、《社会主义研究》和《科学社会主义》。

（2）国家社会科学基金在人文社会科学研究领域发挥重要作用

如果一篇论文在文中标识各种基金、课题（统称基金）等资助信息，那么该论文就被称为基金资助论文。在 2009—2013 年人文社会科学 733 种期刊刊载论文中，有 283332 篇论文标注基金资助信息，占论文总数（678887 篇）的 41.73%，即在人文社会科学领域，有 41.73% 的论文是学者在获得基金资助后产出的。

获得省级（包括直辖市、自治区）基金资助的论文最多，达到 14.22%；获得国家社会科学基金资助的论文列第二位，基金资助论文率为 10.27%。也就是说，在人文社会科学发表的论文（678887 篇）中，有 10.27% 即约有 69689 篇论文是获得国家社会科学基金资助后才取得的成果。国家社会科学基金资助项目的重要性是毋庸置疑的。国家自然科学基金资助论文率为 4.82%。这与国家自然科学基金设立管理学部有着密切联系，管理学的国家自然科学基金资助论文率高达 22.22%，高出国家社会科学基金对管理学论文资助率（12.41%）近 10 个百分点。教育部基金资助论文的比例达到 7.13%，市级基金在人文社会科学研究中也发挥着重要作用，资助论文率为 2.48%。值得注意的是，各研究机构自己设立的课题在人文社会科学的发展中有不可小觑的作用，资助论文率达到 8.47%。

表 10　　人文社会科学 23 个学科基金资助论文情况（2009—2013 年）

序号	学科	论文数	基金资助论文率（%）						
			国家社科	国家自科	教育部	各单位	省级	市级	其他
1	综合性人文社会科学	192965	14.13	1.51	6.47	8.93	18.74	2.12	6.90

序号	学科	论文数	基金资助论文率（%）						
			国家社科	国家自科	教育部	各单位	省级	市级	其他
2	社会学	7223	13.93	2.62	11.28	10.59	13.00	3.52	13.45
3	宗教学	1591	13.70	0.13	5.65	10.18	13.07	2.01	18.89
4	民族学与文化学	22751	13.67	0.69	8.27	10.40	15.45	1.56	8.94
5	哲学	10591	13.64	0.91	8.23	8.48	11.73	1.79	7.99
6	体育学	15892	12.79	2.13	4.09	6.76	21.68	2.33	5.95
7	语言学	15678	12.78	0.52	6.23	11.29	18.26	3.34	3.84
8	管理学	29745	12.41	22.22	7.52	10.86	23.24	3.75	2.52
9	马克思主义	14304	12.16	0.10	7.12	5.58	9.40	1.50	4.23
10	政治学	49481	11.86	0.53	7.01	7.37	11.92	2.47	15.26
11	经济学	107221	11.75	6.90	8.93	9.89	17.97	3.21	7.23
12	法学	23291	11.18	0.12	1.97	7.92	10.69	1.93	15.22
13	心理学	5654	9.46	17.92	7.09	15.14	23.51	6.23	5.57
14	人文地理学	12172	9.26	21.14	4.19	11.03	20.37	3.73	4.67
15	文学	18701	8.98	0.00	5.20	4.90	9.84	0.91	2.58
16	统计学	4850	8.76	9.92	14.50	8.91	12.41	1.81	14.54
17	历史学	15260	8.02	0.25	3.86	5.69	7.43	1.16	4.86
18	图书馆、情报与档案学	44091	7.94	3.47	3.99	7.55	13.35	2.36	3.78
19	教育学	35958	7.63	1.01	8.62	8.54	18.12	2.84	6.93
20	环境科学	8931	6.43	17.36	8.79	10.54	15.18	3.53	4.93
21	艺术学	14501	5.38	0.07	6.68	4.01	7.88	0.86	4.60
22	新闻学与传播学	17176	5.22	0.35	9.87	4.70	6.46	1.24	2.83
23	考古学	10860	5.02	0.88	8.38	5.66	7.34	2.84	5.28
	合计/平均值	678887	10.27	4.82	7.13	8.47	14.22	2.48	7.43

就马克思主义理论学科而言，国家社会科学基金对该学科的发展是很

重要的（列第 9 位）。在该学科产出的论文中，有 12.16% 获得国家社会
科学基金资助，国家自然科学基金对该学科的资助论文率仅为 0.10%。
各研究机构对该学科的支持力度不大，因为各单位课题在该学科的资助论
文率仅为 5.58%，列 23 个学科的第 20 位。另外，省级基金、市级基金
对该学科的支持力度也不大，这两种级别的基金在该学科的资助论文率仅
分别为 9.40% 和 1.50%，均列第 19 位。

（3）马克思主义理论学科期刊刊载的基金论文情况

马克思主义理论学科期刊刊载获得基金资助的论文略大于 1/3，基金
资助的详细情况如表 11 所示。国家社会科学基金支持的论文数量最多，
达 1739 篇，占获得基金资助论文的 31.37%。省级基金对该学科的支持
列第 2 位，占 24.24%。标注教育部基金的论文占整个学科的 19.39%，
位居第 3 位。

表 11　　　　马克思主义理论学科基金资助论文情况（2009—2013 年）

基金名称		资助论文数量						
		2009	2010	2011	2012	2013	合计	百分比（%）
国家社会科学基金		244	285	252	460	498	1739	31.37
国家自然科学基金		3	1	1	4	5	14	0.25
教育部基金		168	164	157	297	289	1075	19.39
各机构基金		98	126	159	203	212	798	14.39
省级基金		193	207	237	351	356	1344	24.24
市级基金		36	33	36	57	52	214	3.86
其他		46	50	75	84	105	360	6.49
	新世纪优秀人才支持计划	4	6	7	8	10	35	0.63
	中国博士后科学基金	3	4	7	21	29	64	1.15
合计		788	866	917	1456	1517	5544	100.00

马克思主义理论学科国家社会科学基金资助论文比例和教育部基金资
助论文比例都呈增长趋势，但增速均低于人文社会科学学科的增速平均值
（如图 2 显示）。2009—2011 年这 3 年马克思主义理论学科的基金资助论

文比率高于人文社会科学学科的基金资助平均值，但是 2012 年和 2013 年低于人文社会科学学科的基金资助平均值。

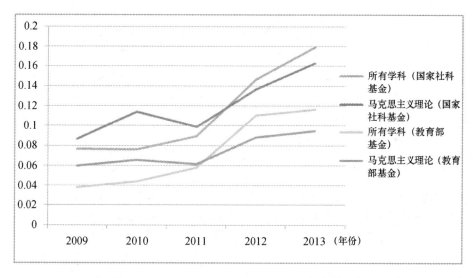

图 2　国家社会科学基金论文比和教育部基金论文比年度变化

3. 开放获取情况

开放获取指通过一刊单独上网、数刊联合上网、依托主办单位上网、依托学科信息网上网、在国外出版商网络平台上网等方式免费提供论文全文。马克思主义理论学科有 9 种期刊实现了全部论文的开放获取，占该学科期刊总数的 64.3%（如表 12 所示），该学科期刊开放获取情况整体较好。

表 12　　　　　　　　马克思主义理论学科期刊开放获取情况

序号	刊名	是否开放获取	开放获取程度	更新及时	序号	刊名	是否开放获取	开放获取程度	更新及时
1	求是	是	全部	是	8	科学社会主义	是	全部	是
2	马克思主义研究	是	全部	是	9	当代世界与社会主义	否	—	—
3	中共党史研究	是	全部	是	10	国外理论动态	否	—	—

续表

序号	刊名	是否开放获取	开放获取程度	更新及时	序号	刊名	是否开放获取	开放获取程度	更新及时
4	马克思主义与现实	是	全部	是	11	毛泽东邓小平理论研究	否	—	—
5	教学与研究	是	全部	是	12	当代世界社会主义问题	否	—	—
6	中国特色社会主义研究	是	全部	是	13	思想政治教育研究	是	全部	否
7	社会主义研究	是	全部	是	14	毛泽东思想研究	否	—	—

注：数据收集时间为 2014 年 6 月。

从开放获取方式看，《求是》、《教学与研究》、《思想政治教育研究》和《中国特色社会主义研究》4 个期刊有独立网站，并在自己的独立网站上实现了开放获取全部论文。另外，这 9 种实现开放获取的期刊均加入了国家哲学社会科学学术期刊数据库（NSSD）①，通过 NSSD 平台以免费的形式向广大读者提供论文全文下载和阅读服务，实现期刊的开放获取。

从开放获取更新及时性来看，《思想政治教育研究》独立网站的更新相对滞后（更新时间滞后半年以上），但在 NSSD 中这 9 种期刊的更新较为及时，也就是说更新滞后时间可以控制在半年之内。

高校主办的 4 种期刊有 3 种实现了开放获取，中国社会科学院、上海社会科学院、四川省社会科学院和北京市社会科学界联合会主办的 4 种期刊有两种实现开放获取，中共中央编译局编辑出版的 3 种期刊中，《马克思主义与现实》可开放获取。

（四）期刊管理力

1. 编辑队伍情况

国家新闻出版总署（现国家新闻出版广电总局）1988 年发布的《期

---

① 该数据库免费注册后可以免费下载论文，http：//www.nssd.org/。

刊管理暂行规定》第二十九条规定，期刊必须在封底或目录页上刊载版本记录，在期刊的版权页上标注期刊特定信息、期刊的编辑信息和期刊的出版发行信息。期刊的编辑信息主要包括主办单位、主编（总编）姓名、编辑部和编辑者信息。根据期刊编排规范的要求，这些信息必须集中标注。基于期刊版权页中的期刊编辑信息，本报告对马克思主义理论学科的编辑队伍情况进行分析。

（1）期刊编辑著录项分析

从版权页标注的编辑信息看，马克思主义理论学科期刊通常会按照一定顺序标注14项：顾问、编辑委员会主任、编辑委员会副主任、编辑委员会委员、学术委员会、社长、副社长、主编、名誉主编、副主编、编辑部主任、编辑部副主任、编辑、（本期）执行主编（编辑）。在这14项编辑信息中，最多的标注9项，如《当代世界与社会主义》等；最少的标注两项，如《教学与研究》，平均标注6.5项（见表13）。每个期刊标注的内容在不同刊期特别是不同年份略有不同。

表13　　马克思主义理论学科期刊编辑著录项（2009—2013年）

序号	期刊名称	著录项目数量	著录项												
			顾问	编辑委员会主任	编辑委员会副主任	编辑委员会委员	学术委员会	社长	副社长	主编	名誉主编	副主编	编辑部主任	编辑部副主任	编辑	（本期）执行主编（编辑）
1	当代世界社会主义问题	6	+	+	+	+	−	−	−	+	−	+	−	−	−	−
2	当代世界与社会主义	9	+	−	−	+	+	−	−	+	−	+	+	+	+	+
3	国外理论动态	8	−	+	+	−	−	+	−	+	−	+	+	+	−	+
4	教学与研究	2	−	−	−	−	−	−	−	−	−	+	−	+	−	−
5	科学社会主义	9	+	−	−	+	+	+	+	+	−	+	+	+	−	+
6	马克思主义研究	6	−	+	+	−	−	−	−	+	+	+	−	−	−	−
7	马克思主义与现实	9	+	−	+	−	−	+	+	+	−	+	+	+	−	+

续表

序号	期刊名称	著录项目数量	著录项													
			顾问	编辑委员会主任	编辑委员会副主任	编辑委员会委员	学术委员会	社长	副社长	主编	名誉主编	副主编	编辑部主任	编辑部副主任	编辑	（本期）执行主编（编辑）
8	毛泽东邓小平理论研究	8	+	+	+	+	–	–	–	+	–	+	+	–	+	–
9	毛泽东思想研究	3	–	–	–	–	–	–	–	+	–	+	–	–	+	–
10	社会主义研究	4	–	–	–	–	+	–	–	+	–	+	–	–	–	+
11	思想政治教育研究	6	+	+	–	–	–	–	–	+	–	+	+	–	–	+
12	中共党史研究	5	–	–	–	–	–	–	–	+	–	+	–	–	+	+
13	中国特色社会主义研究	9	+	+	+	+	–	+	–	+	–	+	–	–	+	+
	平均/合计	6.5	6	8	7	7	2	5	2	13	1	12	6	4	4	7

注：由于《求是》不著录编辑信息，因此上表中整理的是该学科 13 种期刊的信息。"＋"代表标注该项，"－"代表未标注该项。

在编委类信息中，有 8 种期刊标注"编辑委员会主任"信息，有期刊将其简写为"编委会主任"，或直接在编委下面列出"主任"、"副主任"、"委员"信息。有 7 种期刊标注了"编辑委员会副主任"信息，有期刊简写为"编委会副主任"。有 7 种期刊标注了"编辑委员会委员"信息，有期刊将其简写为"编委"。另外，《当代世界与社会主义》和《社会主义研究》未标注编委信息，但标注了"学术委员会"信息。有 6 种期刊还标注了"顾问"信息。

在这 14 项编辑信息中，每种期刊都标注"主编"项。其次是"副主编"项，有 12 种期刊标注此项，仅《马克思主义研究》无此项。有 5 种期刊标注"社长"信息，有两种期刊标注"副社长"信息，部分期刊"社长"和"主编"、"副社长"和"副主编"是同一人，采用"社长、主编"、"副社长、副主编"的形式进行标注。标注有"社长"信息的期刊，可能采用的是期刊社运行模式，期刊社同时对多种期刊的运行进行管理。仅《马克思主义研究》标注有"名誉主编"项。

在编辑部信息中，有6种期刊标注"编辑部主任"信息，有4种期刊标注有"编辑部副主任"信息，有4种期刊标注有"编辑"信息，标出责任编辑、技术编辑、校对等信息。还有7种期刊标注"执行主编"、"本期执行主编"、"执行编辑"、"本期执行编辑"等信息，这与期刊的运作形式有关。

（2）主编、副主编情况

学术期刊质量如何，主编起关键作用。马克思主义理论学科14种刊物的主编情况如表14所示。在2010—2014年5年统计时间段内，13种马克思主义理论期刊中有一半以上（7种）期刊一直未更换主编，有3种期刊更换了1次主编，有3种期刊更换了两次主编。部分期刊的主编除担任主编职务外，还担任一些行政职务，如《毛泽东邓小平理论研究》的主编潘世伟是上海社会科学院原党委书记。

在2010—2014年5年统计时间段内，13种马克思主义理论期刊中有5种期刊一直未更换副主编，有两种期刊更换了1次副主编，有4种期刊更换了两次副主编，有1种期刊更换了3次副主编。

主编与副主编有的是同时更换，有时是单独更换主编或副主编。《马克思主义研究》在统计时间段内虽无"副主编"项，但设置有"名誉主编"项，这也是唯一一个设置"名誉主编"项的期刊。

表14　　　马克思主义理论学科期刊主编情况（2010—2014年）

序号	刊名	主编		副主编
		基本情况	担任主编外职务	
1	当代世界社会主义问题	2010—2014 王建民	—	2010—2014 蒋锐
2	当代世界与社会主义	2009—2011 季正矩；2012—2014 许宝友	季正矩是中共中央编译局马克思主义研究部主任	2010—2011 戴隆斌、李景治；2012—2014 戴隆斌、王瑾、李景治

续表

序号	刊名	主编		副主编
		基本情况	担任主编外职务	
3	国外理论动态	2009—2011 赖海榕； 2012 刘元琪； 2013 苑洁	—	2010—2011 王新颖、黄晓武； 2012 苑洁、陈家刚； 2013 苑洁、阎键； 2014 阎键、徐元宫
4	教学与研究	2009—2011 梁树发； 2012—2013 齐鹏飞； 2014 秦宣	齐鹏飞是中国人民大学马克思主义学院副院长	2010—2014 陈翔云
5	科学社会主义	2010—2014 叶庆丰	—	2010—2014 胡振良、白平浩
6	马克思主义研究	2010—2014 程恩富	中国社会科学院马克思主义研究学部主任	无
7	马克思主义与现实	2010—2011 李惠斌； 2012—2013 冯雷； 2014 无主编项	李惠斌是中共中央编译局马克思主义研究部原副主任，冯雷是中共中央编译局马克思主义研究部副主任	2010—2011 周凡、陈家刚； 2012 黄晓武、周凡； 2013 孔明安、黄晓武、李义天； 2014 黄晓武、李义天
8	毛泽东邓小平理论研究	2010—2014 潘世伟	上海社会科学院原党委书记	2010—2011 第一副主编：童世骏； 2012—2014 此项取消； 2010—2012 副主编：刘世军、方松华、曹泳鑫（常务）； 2013—2014 副主编：季桂宝、方松华、曹泳鑫（常务）

续表

序号	刊名	主编		副主编
		基本情况	担任主编外职务	
9	毛泽东思想研究	2009 孙成民； 2011—2014 杨先农	—	2010 副主编：杨先农（常务），胡学举； 2011—2014 撤销"副主编"项； 2011—2014 设"常务副主编"：胡学举
10	社会主义研究	2010—2014 程又中	—	2010—2012 陈伟东； 2013—2014 王建国
11	思想政治教育研究	2010—2014 陆岩	哈尔滨理工大学党委副书记	2010—2011 杨淑珍； 2012—2014 撤销此项； 2012—2014 增设"常务副主编"：杨淑珍
12	中共党史研究	2010—2014 任贵祥	—	2010—2014 王素莉
13	中国特色社会主义研究	2010 丁力； 2011—2014 崔新建	北京市社会科学界联合会党组副书记	2010—2014 李翠玲

（3）编辑情况

马克思主义理论学科期刊的编辑情况如表 15 所示。13 种期刊中有 7 种期刊设置有"执行编辑"、"本期执行编辑"、"本期责任编辑"等项目，有 6 种期刊设置"编辑部主任"项，有 4 种期刊设置"编辑部副主任"项，有 3 种期刊列出"编辑"项。在期刊中对"编辑"的界定一般指的是编辑部，如《当代世界社会主义问题》在"编辑"后面写的是"当代世界社会主义问题编辑部"，但有的期刊在"编辑"后面填写的是编辑人员名单，如《当代世界与社会主义》在 2010—2011 年"编辑"一栏写的是"彭萍萍、吕楠、李梅"。有的期刊对"编辑"的认识会发生改变，如《当代世界与社会主义》自 2012 年开始"编辑"一栏改为"《当代世界与社会主义》编辑部"。有的期刊使用"编辑者"称谓，如《马克思主义研究》2010—2014 年均在"编辑者"后面填写"《马克思主义研究》编辑部"。在此项中，有的期刊还详细列出"责任编辑"、"技术编辑"、"校对"、"翻译"的情况。

表 15　　马克思主义理论学科期刊编辑情况（2010—2014 年）

序号	刊名	编辑部主任	编辑部副主任	编辑	（本期）执行主编（编辑）
1	当代世界社会主义问题	无	无		无
2	当代世界与社会主义	2010—2011 王瑾；2012—2014 彭萍萍	2010—2011 无；2012—2014 吕楠	2010—2011 彭萍萍、吕楠、李梅；2012—2014 此项改为"编辑部"	2010—2014 设"本期执行编辑"项
3	国外理论动态	2010 黄晓武；2011 黄晓武（兼）；2012—2014 周艳辉	2010—2011 周艳辉；2012—2013 无"编辑部副主任"项；2014 徐焕	无	2010—2014 设"执行编辑"项
4	教学与研究	无	无	无	无
5	科学社会主义	2010—2014 赵国良	2010—2014 郭强、胡秀荣	无	2010—2014 设"本期执行编辑"项
6	马克思主义研究	2010—2012 无此项；2013—2014 翟胜明	无	无	无

续表

序号	刊名	编辑部主任	编辑部副主任	编辑	（本期）执行主编（编辑）
7	马克思主义与现实	2010—2011 苑洁；2012—2013 李义天；2014 郑锦	2010—2011 严海波、李义天；2012—2014 陈喜贵		2010—2011 设"本期执行编辑"；2012—2013 无"本期执行编辑"项；2014 年又设"本期执行编辑"
8	毛泽东邓小平理论研究	2010—2014 杨卫（2010 年时直接列出"编辑部主任"项；2011—2014 年则在"编辑"项中每个人的名字后面列出其职务）	无	2010 无此项；2011 具体分为责任编辑、校对、翻译等内容	无
9	毛泽东思想研究	无	无	设"统校"和"技术编辑"项	无
10	社会主义研究	无	无	无	2010—2014 设"本期执行编辑"项
11	思想政治教育研究	无	无	无	2010—2014 设"本期责任编辑"项
12	中共党史研究	无	无	无	无
13	中国特色社会主义研究	无	无	2010—2014 设"编辑部成员"项；2010 刘慧婷、张俊华、庞达、成方哲；2011—2014 张俊华、庞达、成方哲	2010—2014 设"执行编辑"项

（4）编辑委员会情况

在编辑大型或重要的出版物，如报刊、丛书、全集、文集、词典、工具书、成套教科书时，为集思广益，成立编辑委员会，简称编委会。编委会成员大多为该出版物所属学科的专家学者以及这一领域的权威人士。编委会负责确定所编出版物的编辑方针、编纂体例、编选范围，解决编辑过程中某些重大问题，并对出版物文稿作最后审订。

马克思主义理论学科期刊的编辑委员会情况如表 16 所示。在 13 种期刊中，有 6 种期刊设有"顾问"项，这 6 种期刊的顾问人数分别是：《当代世界社会主义问题》7 人、《毛泽东邓小平理论研究》7 人、《思想政治教育研究》8 人、《中国特色社会主义研究》15 人、《当代世界与社会主义》20 人、《科学社会主义》28 人。在 2010—2014 年 5 年间，这 6 种期刊中有 3 种期刊未更换顾问名单，有 3 种期刊更换过 1 次顾问名单，《当代世界与社会主义》更换过 3 次顾问名单，但为小范围调整，变动不大。

在 2010—2014 年 5 年间，13 种期刊中有 5 种期刊未设置"编辑委员会主任"。在另外 7 种设置"编辑委员会主任"的期刊中，《国外理论动态》和《马克思主义与现实》2012 年起才设置该项，《思想政治教育研究》2013 年起设置该项。这 7 种期刊中，《当代世界社会主义问题》（刘玉安）、《中共党史研究》（欧阳淞）一直未更换编辑委员会主任，《中国特色社会主义研究》更换了 2 次编辑委员会主任人选。在设置"编辑委员会主任"的 7 种期刊中，除《思想政治教育研究》外，有 6 种设置了"编辑委员会副主任"；《当代世界社会主义问题》设置有"编辑委员会主任"且在统计时间段内一直未更换主任人员，该刊 2014 年开始设置"编辑委员会副主任"项。其他期刊更换副主任的时间为 2 年。

在列出"编辑委员会委员"的 7 种期刊中，委员的平均数量为 25 人，委员名单平均更换时间为 2 年，新的委员名单基本以原有的委员名单为基础进行微调。《社会主义研究》和《当代世界与社会主义》虽然未设置"编辑委员会委员"项，但设置了"学术委员会"或者"专家委员会"项。在这 13 种期刊中，仅《马克思主义研究》列有外籍编委，在统计时间段内更换了 2 次国内委员名单，外籍编委一直未更换过。

从编辑委员会名单、专家委员会名单及学术委员会名单（统称编委）看，李忠杰担任期刊的编委数最多，在 5 家期刊担任编委；李君如、赵曜分别担任 4 家期刊的编委；冷溶、胡振良、李景治、秦宣、石仲泉、宋萌荣则分别担任 3 家期刊的编委。

《教学与研究》和《毛泽东思想研究》均未设置"顾问"、"编辑委员会主任"、"编辑委员会副主任"和"编辑委员会委员"项。

表 16　　　　马克思主义理论学科期刊编辑委员会情况（2010—2014 年）

序号	刊名	顾问	编辑委员会主任	编辑委员会副主任	编辑委员会委员
1	当代世界社会主义问题	2010—2014（7 人）赵曜、殷叙彝、赵明义、胡瑾、李兴耕、奚广庆、黄宗良	2010—2014 刘玉安	2014 葛荃、王韶兴	2010—2013（32 人）于建嵘、马德普、孔令栋、王学东、王学玉、王建民、王韶兴、方雷、包心鉴、冯克利、孙晓村、刘玉安、刘京希、李景治、张光明、张铭、张锡恩、余金成、周向军、杨阳、杨鲁慧、徐世澄、徐觉哉、徐艳玲、唐鸣、崔桂田、曹宪强、程玉海、葛荃、蒋锐、臧秀玲、魏恩政 2014（26 人）比 2013 年减少王学玉、孙晓村、周向军、杨阳、杨鲁慧、臧秀玲
2	当代世界与社会主义	2010（15 人）王天玺、王学东、石仲泉、刘海藩、李君如、李际均、李忠杰、张全景、冷溶、逄锦聚、赵曜、顾海良、顾锦屏、谢维和、蔡武 2011（16 人）比 2010 年增加李书磊	无	无	该刊设有"专家委员会"，无"编辑委员会委员" 2010（32 人）于洪君、王一彪、王长江、王章维、邢广程、杨世文、汪青松、宋萌荣、李书磊、李良栋、李景治、杜燕凌、严书翰、沈云锁、林建华、宫力、赵子平、赵甲明、胡元梓、姜述贤、郭业洲、高自龙、高健生、秦宣、徐勇、商志晓、章国贤、黄百炼、黄宗良、梁树发、程玉海、蒲国良

续表

序号	刊名	顾问	编辑委员会主任	编辑委员会副主任	编辑委员会委员
		2012—2013（20人）比2011年增加于洪君、衣俊卿、俞可平、魏海生 2014（20人）比2013年减少衣俊卿，增加贾高建			2011（30人）比2010年减少王章维、李书磊； 2012—2014（26人）比2011年减少于洪君、杨世文、沈云锁、赵子平
3	国外理论动态	无	2010—2011无该项；2012年设"社委会主任"：2012—2014何增科	2010—2011无该项；2012年设"社委会副主任"：2012—2014杨雪冬	无
4	科学社会主义	2010—2014（28人）马德太、王怀超、卢之超、江流、李忠杰、李慎明、许征帆、许耀桐、冷溶、刘海涛、吴忠民、吴雄丞、汤有伦、严书翰、宋萌荣、林炎志、周锡荣、赵曜、徐崇温、贾建芳、阎志民、秦刚、秦宣、顾海良、黄宪起、黄百炼、黄亮宜、靳辉明	无	无	2010—2011（12人）王中汝、王道勇、叶庆丰、白平浩、刘俊杰、朱可辛、青连斌、胡振良、赵宏、郭强、梁波、常欣欣； 2012—2014年（12人）比2011年增加蒲长春，减少王中汝

续表

序号	刊名	顾问	编辑委员会主任	编辑委员会副主任	编辑委员会委员
5	马克思主义研究	无	2010 靳辉明；2011—2014 李崇富	2010 程恩富、李崇富、侯惠勤；2011—2013 程恩富、侯惠勤；2014 程恩富、邓纯东、侯惠勤	2010（24 人）田心铭、冯颜利、刘淑春、李崇富、杨河、吴波、吴恩远、何秉孟、张顺洪、张祖英、林岗、罗文东、赵智奎、胡乐明、侯惠勤、夏春涛、高翔、程恩富、靳辉明、翟胜明、〔美〕大卫·斯维卡特、〔日〕伊藤诚恩、〔法〕安托尼·卡萨罗瓦，〔俄〕Γ. A. 巴加图利亚 2011—2012（23 人）比 2010 年减少靳辉明； 2013—2014（21 人）比 2012 年增加邓纯东、樊建新，减少吴波、张祖英、夏春涛、翟胜明
6	马克思主义与现实	无	2012 年起设立"社委会主任"：2012—2014 季正矩	2012 年起设立"社委会副主任"：2012—2013 李惠斌；2014 李惠斌、冯雷	无
7	毛泽东邓小平理论研究	2010—2014（7 人）郑必坚、逢先知、厉无畏、王伟光、邢贲思、李君如、李捷	2010—2012 潘世伟；2013—2014 李琪	2010—2011 童世骏、左学金；2012 左学金；2013—2014 潘世伟	2010—2011（25 人）王荣华、王贻志、方松华、尹继佐、左学金、叶辛、刘世军、张幼文、沈国明、杨耕、杨建文、周建明、周振华、周锦尉、洪民荣、桑玉成、荣跃明、顾肖荣、黄仁伟、曹泳鑫、梁树发、童世骏、谢京辉、潘世伟、熊月之 2012（22 人）比 2011 年减少王贻志、叶辛、杨耕、顾肖荣，增加唐洲雁

续表

序号	刊名	顾问	编辑委员会主任	编辑委员会副主任	编辑委员会委员
					2013（24人）比2012年增加王战、王振、叶青、李琪、减少周锦尉、熊月之 2014（25人）比2013年增加季桂保
8	社会主义研究	无	无	无	自2014年起增设"学术委员会"项。 2014（22人）王怀超、王建民、王绍兴、李景治、宋萌荣、吴家庆、肖贵清、张光明、季正聚、胡元梓、胡振良、项继权、俞良早、俞思念、贾建芳、聂运麟、秦刚、秦在东、唐鸣、徐勇、程又中、蒲国良
9	思想政治教育研究	2010—2012无此项；2013—2014（8人）李忠杰、杨振斌、徐文良、郑永廷、张耀灿、陈秉公、张翔、赵敏	2010—1012无此项；2013—2014高军	无	2010—2012无此项 2013—2014（38人）马启民、万美容、王宏波、王忠桥、王树荫、卢黎歌、刘光慧、刘建军、李毅、李辉、李庆华、吴潜涛、宋进、张奎良、张澍军、陆岩、陈文斌、沈壮海、罗洪铁、欧阳康、周向军、杨淑珍、赵达薇、祝福恩、骆郁廷、祖嘉合、顾钰民、倪德刚、高军、高国希、徐建军、桑玉成、黄蓉生、崔玉祥、梅荣政、韩振峰、裴杰、魏潾
10	中共党史研究	无	2010—2014欧阳淞	2010—2011曲青山；2012—2014高永中	2010—2012（26人）牛大勇、石仲泉、龙新民、曲青山、吕世光、朱佳木、任贵祥、齐德学、孙大力、李向前、李君如、李忠杰、杨凤城、何理、谷安林、张化、张启华、张树军、张静如、陈夕、陈铁健、欧阳淞、金冲及、黄如军、章百家、霍海丹 2013—2014（27人）比2012年增加高永中

续表

序号	刊名	顾问	编辑委员会主任	编辑委员会副主任	编辑委员会委员
11	中国特色社会主义研究	2010—2013（15 人）王锐生、龙新民、石仲泉、李君如、李忠杰、冷溶、吴树青、陈先达、邵维正、侯树栋、赵曜、徐崇温、陶一凡、陶西平、蔡赴朝；2014（14 人）王锐生、石仲泉、李伟、李君如、李忠杰、闫志民、冷溶、吴树青、陈先达、邵维正、侯树栋、赵曜、徐崇温、陶一凡	2010 常卫、史秋秋；2011—2013 傅华、史秋秋；2014 崔耀中、韩凯	2010 丁力、闫志民；2011—2013 崔新建、闫志民；2014 崔新建、许耀桐	2010（23 人）丁力、马仲良、王炳林、史秋秋、闫志民、刘阳、刘勇民、张文启、辛国安、李强、李翠玲、陈之昌、陈红太、周叔进、胡振良、姚桓、秦宣、徐志宏、夏文斌、郭建宁、崔新建、傅华、韩震 2011—2013（22 人）比 2010 年减少丁力；2014（25 人）丰子义、王炳林、王祥武、王树荫、艾四林、龙登高、刘阳、张宇、辛鸣、李强、李翠玲、杨奎、杨生平、陈之昌、陈红太、胡振良、赵孟营、秦宣、袁吉富、徐元宫、徐志宏、夏文斌、夏春涛、郭建宁、韩震

马克思主义理论学科期刊的编辑队伍情况可参见附录二。

2. 编辑流程管理

流程管理是学术期刊质量管理的一个极为重要的环节，也是衡量期刊编辑部门工作是否认真到位的一个基础性标准。流程管理内容主要包括评审规范、编辑规范和出版规范等方面。

评审规范由制度建设以及执行情况两部分组成，主要考察编辑部门处理稿件是否做到了匿名审稿、多级审稿（编辑部初审、副主编及外审专家复审、主编终审）等，以排除人为干扰、人情稿件因素，保证期刊文章的学术质量；在有制度设置的前提下，还要考察编辑部门对制度的执行情况，以及是否可以对外公开评审报告内容。

编辑规范包括技术编辑规范与论文规范两部分。技术编辑规范指的是期刊字体大小是否达到阅读舒适、有无逆转页、栏目设置是否便于读者阅读等；论文规范指的是文章的中英文题录信息是否完整、同一种期刊的参考文献著录形式是否统一、参考文献引用是否真实准确等。

出版规范包括期刊的形式规范，如版权页内容是否全面；周期规范，如是否做到按时出版、是否有自行增刊现象等。重点考察编辑部内部管理水平。

2014 年 11 月中旬，中国社会科学院中国社会科学评价中心以电话方式对马克思主义理论学科 14 种期刊的编辑部进行了相关内容问询，结果如表 17 所示。

表 17　　　　　　　　马克思主义理论学科期刊评审规范情况

序号	刊名	采用多级审稿制		匿名审稿		匿名审稿方式	
		是	否	是	否	部分	全部
1	求是	3 级以上			√	—	—
2	中国特色社会主义研究	—	—	—	—	—	—
3	马克思主义与现实	3 级以上		√		√	
4	国外理论动态	3 级以上		√		√	
5	马克思主义研究	3 级以上		√		√	
6	当代世界与社会主义	3 级以上		√			√
7	社会主义研究	3 级以上		√		√	
8	当代世界社会主义问题	3 级以上		√		√	
9	思想政治教育研究	3 级以上		√		√	
10	教学与研究	3 级以上		√		√	
11	毛泽东邓小平理论研究	3 级以上		√		√	
12	科学社会主义	3 级以上		—	—	—	—
13	中共党史研究	3 级以上		√		√	
14	毛泽东思想研究	3 级以上		√			√

注：表中标注"—"的为未采集到相关信息。

14 个期刊编辑部中的 13 个期刊对所提问题进行了回复。在"采用多级审稿制"问题上，绝大部分编辑部都采用 3 级以上评审制。除《求是》外，其他 11 种期刊全部采用匿名审稿方式（《科学社会主义》未采集到相关信息），《当代世界与社会主义》和《毛泽东思想研究》采用的是双向匿名审稿。整体上看，13 种马克思主义理论学科期刊在评审规范指标方面做得比较好。

3. 信息化建设

（1）期刊独立网站、在线投审稿系统建设情况

面对数字化出版浪潮，国内学术期刊纷纷建立独立网站。对于学术期刊而言，独立网站不仅可以起到宣传期刊、扩大影响力的作用，还可以建立编辑部、审稿人、作者和读者之间的联系。如表 18 所示，马克思主义理论学科期刊独立网站建设情况不算太好，仅有《求是》、《教学与研究》、《思想政治教育研究》和《中国特色社会主义研究》4 种期刊有独立网站。

表 18 马克思主义理论学科期刊独立网站情况

序号	刊名	独立网站	更新情况	序号	刊名	独立网站	更新情况
1	求是	有	更新及时	8	毛泽东邓小平理论研究	无	/
2	马克思主义研究	无	/	9	中共党史研究	无	/
3	马克思主义与现实	无	/	10	中国特色社会主义研究	有	/
4	国外理论动态	无	/	11	当代世界社会主义问题	无	/
5	教学与研究	有	更新及时	12	科学社会主义	无	/
6	社会主义研究	无	/	13	思想政治教育研究	有	更新及时
7	当代世界与社会主义	无	/	14	毛泽东思想研究	无	/

作者投稿和专家审稿是编辑工作流程中的重要环节。随着信息化和网络化技术的不断发展，越来越多的学术期刊开始采用在线投稿审稿系统。这一系统的采用不仅能缩短论文发表时间，节约成本，更能增加审稿全程的透明度，便于推行双向匿名评审制度。表 19 显示的是马克思主义理论学科期刊在线投稿审稿建设的情况，仅有 3 种期刊采用了在线投稿审稿系统，其中《教学与研究》和《思想政治教育研究》建设情况较好，在线

投稿审稿系统可以正常使用，投稿须知、论文格式等相关内容建设齐备。

表 19 马克思主义理论学科期刊在线投稿审稿情况

序号	刊名	投审稿系统	建设情况			其他投稿方式①
			投稿须知	格式要求	审稿流程说明	
1	求是	无	无	无	无	
2	马克思主义研究	无	无	无	无	
3	马克思主义与现实	无	无	无	无	
4	国外理论动态	无	无	无	无	
5	教学与研究	有	有	有	无	优先在线投稿，同时接受email投稿
6	社会主义研究	无	无	无	无	
7	当代世界与社会主义	无	无	无	无	
8	毛泽东邓小平理论研究	无	无	无	无	
9	中共党史研究	无	无	无	无	
10	中国特色社会主义研究	有	有	有	无	email投稿②
11	当代世界社会主义问题	无	无	无	无	
12	科学社会主义	无	无	无	无	
13	思想政治教育研究	有	有	有	无	优先在线投稿，同时接受email投稿
14	毛泽东思想研究	无	无	无	无	

（2）期刊微博、微信公众账号建设情况

截至 2014 年 6 月，我国网民达 6.32 亿，互联网普及率为 46.9%。③
根据中国互联网信息中心（CNNIC）在 2014 年 8 月公布的《2014 年中国
社交类应用用户行为研究报告》显示，过去半年中，有 89.3% 的用户使

---

① 电话调查时间：2015 年 1 月 28 日。

② 编辑部工作人员解释在线投稿审稿系统经常无法正常运行，建议电子邮箱投稿。

③ 《第 34 次中国互联网络发展状况统计报告》，http://www.cnnic.net.cn/hlwfzyj/hlwxzbg/hlwtjbg/201407/P020140721507223212132.pdf。

用过即时通信工具（以微信为代表），微博覆盖率为 43.6%。微博成为新兴媒体，很多政府机关、名人、新闻媒体等纷纷开通微博，与网民展开互动。微信中的公众账号也成为用户获取资讯的一个重要手段。① 可以说，微信和微博已成为当下人们获取相关信息的重要途径，也是提升学术期刊公众影响力的崭新途径。

总体上，马克思主义理论学科期刊的微博和微信公众账号建设情况较差，仅《求是》有微博和微信公众账号，《国外理论动态》有微博。其中，《求是》微信公众账号每天有信息推送，微博粉丝和发表微博数量较多。抽查其一周的微信公众账号情况如下：周推送信息数量为 26，周阅读数为 35652，每条信息的阅读数平均为 1371，周点赞数为 331。② 《求是》微博的关注数为 254，粉丝数为 53 万，发布微博 7212 条。《国外理论动态》微博的关注数为 109，粉丝数为 586，发布微博 413 条。③ 马克思主义理论学科期刊作为集中刊发马克思主义理论研究成果、理论创新成果的重要载体，有责任和义务探索宣传和传播的新路径、新手段。微博和微信作为大众获取资讯的途径和手段，马克思主义理论学科期刊应更加自觉加以使用，使之成为推动马克思主义大众化的有力工具。

（五）期刊影响力

1. 学术影响力

期刊的学术水平如何，除专家的同行评价外，学术影响力的量化指标也是考量的一个重要根据。它主要包括期刊影响因子、期刊半衰期、学科影响因子、学科半衰期、学科扩散指标、论文摘转指标等。

（1）影响因子

影响因子是目前国内外普遍用来衡量学术期刊影响力的一个重要定量指标，是指期刊论文在特定年份或时期被引用的频率，它可以调整和修正由于期刊出版周期和出版年限等原因造成的论文绝对数量上的优势而带来

---

① 《2014 年中国社交类应用用户行为研究报告》，http：//www.cnnic.net.cn/hlwfzyj/hl-wxzbg/201408/P020140822379356612744.pdf。

② 数据采集时间为 2015 年 1 月 29 日，采集时间段为 2015 年 1 月 19—25 日。

③ 数据采集时间为 2015 年 1 月 29 日。

统计结果上的"误区"。影响因子在一定程度上反映期刊学术质量的优劣。一般来说，影响因子高，期刊的影响力相对就大。

影响因子以年为单位进行计算，可分为即年影响因子、2年影响因子和5年影响因子等。即年指标反映的是期刊论文发表后在当年被学者引用的情况，表征期刊对研究问题的即时反应速度。2年影响因子反映的是期刊影响力的基本情况，5年影响因子反映的则是期刊论文发表后的长期影响力。三个指标的算法是即年（2年、5年）影响因子 = 该期刊在当年（2年、5年）发表论文在当年被引用的总次数/该期刊当年（2年、5年）发表论文总数。同理，期刊的学科影响指标是指期刊所在学科内，引用该学科期刊数占全部期刊数量的比例，它反映的是某一学科期刊的整体影响力程度。

人文社会科学23个学科期刊的学术影响力情况如表20所示。从即年指标看，法学是即年指标最高的学科（0.1036），该学科论文在发表后被引用的速度最快，其次是人文地理学（0.0868）和社会学（0.0833）。2年影响因子最高的三个学科是社会学（0.6310）、法学（0.6234）和人文地理学（0.6081），这三个学科与即年指标最高的三个学科相同，仅仅是名次有所变动。5年影响因子最高的三个学科是社会学（0.6038）、人文地理学（0.5858）和管理学（0.5855）。管理学的即年指标居于第10位，2年影响因子居于第4位，5年影响因子居于第3位，该学科的中长期影响较其他学科更为突出。

马克思主义理论学科期刊的即年指标居于第5位，仅次于法学，人文地理学，社会学，图书馆、情报与档案学。该学科的2年影响因子为0.3348，居于第11位；5年影响因子为0.2465，居于第12位。这意味着该学科较之其他学科时效性更强。

表20　　　　　**人文社会科学23个学科期刊学术影响力情况**

序号	学科	即年指标	2年影响因子	5年影响因子
1	法学	0.1036	0.6234	0.5140
2	人文地理学	0.0868	0.6081	0.5858
3	社会学	0.0833	0.6310	0.6038
4	图书馆、情报与档案学	0.0797	0.5641	0.4592

序号	学科	即年指标	2 年影响因子	5 年影响因子
5	马克思主义	0.0795	0.3348	0.2465
6	心理学	0.0713	0.4386	0.4241
7	经济学	0.0687	0.4653	0.4074
8	统计学	0.0674	0.3752	0.3414
9	语言学	0.0631	0.3560	0.3299
10	管理学	0.0602	0.5766	0.5855
11	体育学	0.0598	0.2823	0.2678
12	新闻学与传播学	0.0538	0.2900	0.2342
13	考古学	0.0502	0.1528	0.1662
14	政治学	0.0406	0.2184	0.1674
15	综合性人文社会科学	0.0405	0.2126	0.1720
16	环境科学	0.0378	0.4135	0.3794
17	教育学	0.0365	0.1958	0.1595
18	民族学与文化学	0.0309	0.1607	0.1460
19	哲学	0.0295	0.2018	0.1725
20	文学	0.0294	0.1212	0.1117
21	艺术学	0.0266	0.1095	0.1041
22	宗教学	0.0252	0.0684	0.0859
23	历史学	0.0212	0.1460	0.1501

马克思主义理论学科期刊学术影响力情况如表 21 所示，《求是》、《中国特色社会主义研究》、《马克思主义与现实》三个期刊的即年指标最高，分别为 0.2119、0.1353 和 0.1156，也就是说《求是》每篇论文当年发表后在当年被引用的次数平均分别为 0.2119 次，《中国特色社会主义研究》和《马克思主义与现实》每篇论文当年发表后在当年被引用的次数平均为 0.1353 和 0.1156。这也显示出《求是》在宣传马克思主义理论创新成果、阐释党的路线方针政策等方面的引领作用。

从 2 年影响因子看，《马克思主义研究》的影响力最高（0.4785），《求是》列第 2 位（0.4466），《社会主义研究》列第 3 位（0.3808）。从 5 年影响因子看，《马克思主义研究》的影响力仍然最高（0.3839），《教

学与研究》与《马克思主义与现实》分列第二、三位，分别为 0.2893
和 0.2837。

表 21   马克思主义理论学科期刊学术影响力情况

序号	刊名	即年指标	2 年影响因子	5 年影响因子
1	求是	0.2119	0.4466	0.2516
2	中国特色社会主义研究	0.1353	0.2709	0.1972
3	马克思主义与现实	0.1156	0.3046	0.2837
4	国外理论动态	0.0674	0.3042	0.2282
5	马克思主义研究	0.0601	0.4785	0.3839
6	当代世界与社会主义	0.0517	0.2505	0.2368
7	社会主义研究	0.0485	0.3808	0.2668
8	当代世界社会主义问题	0.0444	0.2759	0.2198
9	思想政治教育研究	0.0433	—	—
10	教学与研究	0.0314	0.3084	0.2893
11	毛泽东邓小平理论研究	0.0291	0.2200	0.1853
12	科学社会主义	0.0288	0.1758	0.1305
13	中共党史研究	0.0219	0.1811	0.1772
14	毛泽东思想研究	0.0215	0.1237	0.0636

注：由于《思想政治教育研究》仅有 2012 年、2013 年两年的数据，因此无法计算该刊的 2
年影响因子和 5 年影响因子。

（2）学科引用、被引半衰期

作为一个反映学科内容新颖性的指标，半衰期是指某学科尚在利用的
全部文献中较新的一半是在多长一段时间内发表的。如果一个学科的半衰
期长，一方面是因为该学科的内容更新慢，另一方面也可能是因为这些学
科有比较经典的文献，这些经典文献被长期引用，从而使半衰期比较长。
半衰期指标分为引用半衰期和被引半衰期，期刊的半衰期"长度"可以
反映该期刊在某一学科中的影响时间。

表 22　　　　　　　　人文社会科学 23 个学科引用半衰期情况

序号	学科	学科引用半衰期（年）	序号	学科	学科引用半衰期（年）
1	历史学	21	13	管理学	7
2	考古学	17	14	环境科学	7
3	宗教学	16	15	教育学	7
4	文学	15	16	人文地理学	7
5	艺术学	13	17	体育学	7
6	哲学	13	18	统计学	7
7	马克思主义	11	19	心理学	7
8	民族学与文化学	11	20	政治学	7
9	语言学	10	21	经济学	6
10	综合性人文社会科学	10	22	图书馆、情报与档案学	5
11	社会学	8	23	新闻学与传播学	5
12	法学	7			

从表 22 可看出，马克思主义理论学科期刊的引用半衰期为 11 年，在 23 个学科中排在第 7 位。该学科期刊所引用的文献有 50% 来自近 11 年发表的论述，这表明学者在进行马克思主义理论研究时对近 11 年发表的相关研究给予很大的关注。相比其被引半衰期而言，马克思主义研究领域的学者更愿意引用经典文献。

从 23 个学科的被引半衰期看，被引半衰期最长的是考古学，半衰期为 20 年，即该学科 2013 年尚在利用的全部文献中较新的一半是在 20 年内发表的。被引半衰期第二长的是历史学，位列第三长的是文学，这两个学科的被引半衰期分别为 10 年和 9 年。马克思主义理论学科的被引半衰期为 4 年，即该学科 2013 年尚在利用的全部文献中较新的一半是在 4 年内发表的，这也意味着该学科一半的期刊论文在 4 年后将逐渐淡出人们的视野。由此推断，马克思主义理论学科的内容更新速度是比较快的。该学科的更新速度在 23 个学科中居于第 3 位（并列第 3 位），仅次于新闻学与传播学（3 年）和图书馆、情报与档案学（3 年）。

表 23　　　　　　　人文社会科学 23 个学科被引半衰期情况

序号	学科	学科被引半衰期（年）	序号	学科	学科被引半衰期（年）
1	考古学	20	13	教育学	5
2	历史学	10	14	人文地理学	5
3	文学	9	15	体育学	5
4	艺术学	9	16	政治学	5
5	宗教学	8	17	综合性人文社会科学	5
6	民族学与文化学	7	18	环境科学	4
7	心理学	7	19	经济学	4
8	语言学	7	20	马克思主义理论	4
9	哲学	7	21	统计学	4
10	社会学	6	22	图书馆、情报与档案学	3
11	法学	5	23	新闻学与传播学	3
12	管理学	5			

（3）期刊引用、被引半衰期

表 24 所示马克思主义理论学科 14 种期刊的被引半衰期排名第一与排名最后的期刊相差 3.5 倍，《马克思主义与现实》表现较为突出，被引半衰期为 7 年，即该刊文章的 50% 在 7 年后仍然被人们关注与引用。有 8 种期刊被引半衰期为 5 年，老化速率十分接近，也是该学科影响力比较大的刊群。《思想政治教育研究》被引半衰期最短，仅为 2 年，表明该期刊 50% 的文章在 2 年后即不被关注。

马克思主义理论学科 14 种期刊引用半衰期普遍较长，《中共党史研究》最为突出，引用半衰期为 21 年，即该刊文章的 50% 引用文献是在 21 年内发表的，由此推断该刊较为注重引用经典文章。14 种期刊中有 12 种引用半衰期在 7 年以上，《思想政治教育研究》最短，为 5 年。

表 24　　　　　马克思主义理论学科期刊引用、被引半衰期情况

序号	刊名	期刊被引半衰期（年）	序号	刊名	期刊引用半衰期（年）
1	马克思主义与现实	7	1	中共党史研究	21
2	国外理论动态	5	2	毛泽东思想研究	17
3	科学社会主义	5	3	毛泽东邓小平理论研究	13
4	教学与研究	5	4	马克思主义与现实	11
5	中共党史研究	5	5	国外理论动态	11
6	当代世界与社会主义	5	6	科学社会主义	11
7	毛泽东思想研究	5	7	当代世界社会主义问题	11
8	社会主义研究	5	8	教学与研究	9
9	当代世界社会主义问题	5	9	当代世界与社会主义	9
10	中国特色社会主义研究	4	10	马克思主义研究	9
11	毛泽东邓小平理论研究	3	11	社会主义研究	7
12	马克思主义研究	3	12	中国特色社会主义研究	7
13	求是	3	13	思想政治教育研究	5
14	思想政治教育研究	2	14	求是	—

（4）学科扩散指标

学科扩散指标指的是在统计源期刊范围内，引用该刊的期刊数量与其所在学科全部期刊数量之比，该指标主要用来比较同学科内期刊在整个统计源期刊中被使用的情况，反映的是某一期刊对其他学科的影响程度，可呈现期刊跨学科影响力状况。学科扩散指标越高，说明该刊在统计源期刊中被引用的范围越广，影响也越大。

以学科扩散指标数值大小做降序排列，表 25 反映出马克思主义理论学科期刊的学科扩散指标差异较大。《求是》的学科影响力辐射程度明显

高于其他期刊，表明该刊在统计时段内被引用的范围广、影响大，并且是
对其他学科影响程度较大的一个刊物；《马克思主义与现实》学科扩展指
标值为 18.2143，排在第二位；《教学与研究》和《马克思主义研究》分
值十分接近。可以说，在统计时段的这 5 年间，上述期刊的学术辐射度相
对较大。《毛泽东思想研究》在 14 种期刊中指标排名最低，说明该刊论
文被其他学科期刊引用的情况不是很理想。

表 25   马克思主义理论学科期刊对其他学科的影响情况

序号	刊名	学科扩散指标	序号	刊名	学科扩散指标
1	求是	26.2143	8	毛泽东邓小平理论研究	10.8571
2	马克思主义与现实	18.2143	9	中国特色社会主义研究	9.6429
3	教学与研究	15.7857	10	科学社会主义	9.1429
4	马克思主义研究	15.4286	11	中共党史研究	8.4286
5	当代世界与社会主义	13.6429	12	思想政治教育研究	5.8571
6	国外理论动态	12.7143	13	当代世界社会主义问题	5.0000
7	社会主义研究	12.5714	14	毛泽东思想研究	4.3571

（5）学科影响指标

学科影响指标指期刊所在学科内，引用该刊的期刊数占全部期刊数
量的比例。它既可反映期刊在本学科内的学术影响力，也可反映期刊与
学科内期刊的关联性。表 26 反映出马克思主义 14 种期刊的学科影响力
大部分差别不是很大。除《毛泽东思想研究》和《思想政治教育研究》
外，其他 12 种期刊指标分值为 0.6429—0.8571，值差 0.2142，即几篇引
用文献的差别。相比之下，《思想政治教育研究》在该指标上的表现略弱
一些。

表26　　　　　　　　马克思主义理论学科期刊的学科影响情况

序号	刊名	学科影响指标	序号	刊名	学科影响指标
1	马克思主义与现实	0.8571	8	当代世界社会主义问题	0.7143
2	当代世界与社会主义	0.8571	9	中共党史研究	0.6429
3	求是	0.7857	10	中国特色社会主义研究	0.6429
4	马克思主义研究	0.7857	11	科学社会主义	0.6429
5	教学与研究	0.7857	12	毛泽东邓小平理论研究	0.6429
6	社会主义研究	0.7857	13	毛泽东思想研究	0.5000
7	国外理论动态	0.7857	14	思想政治教育研究	0.2857

（6）论文摘转指标

论文摘转指标指的是期刊论文被我国四大较有影响力的文摘期刊，即《新华文摘》、《中国社会科学文摘》、《高等学校文科学报文摘》和《中国人民大学复印报刊资料》在统计时段内摘转的次数，可在一定程度上反映业内同行对期刊文章的认可态度。文摘期刊虽然在期刊评价上存在一定的局限，比如其收录论文数据的体量过少、学科栏目设置无法做到全覆盖等问题，但对论文择优推荐的基本原则使其具备一定的间接评价作用，一直被几大评价机构所重视，因此，文摘期刊的这种"以文评刊"功能可以作为考量期刊影响力的一个指标。

表27显示的是马克思主义理论学科14种期刊在统计时段内被国内四大文摘期刊转摘的总得分情况，按得分高低做降序排列，可以看出《求是》和《马克思主义与现实》得分明显高于其他12种期刊，这表明在此类期刊中，这两种期刊刊载的文章得到的关注度最高。从4种文摘期刊的具体摘转数据看，注重摘转时政类文章的《新华文摘》是《求是》的主要载体，而以刊登学术文章见长的《中国社会科学文摘》转载《马克思主义与现实》的文章比较多。总得分在1.0以下的7种马克思主义期刊学术影响力较低。

表 27   马克思主义理论学科期刊论文摘转情况

序号	刊名	中国社会科学文摘	新华文摘	高等学校文科学报文摘	中国人民大学复印报刊资料	总得分
1	求是	0.0833	2.9167	0	0.1809	3.1809
2	马克思主义与现实	1.25	0.5185	0	0.3659	2.1344
3	马克思主义研究	0.9583	0.3565	0	0.5264	1.8413
4	中共党史研究	0.4167	0.7130	0.0533	0.2785	1.4614
5	教学与研究	0.4167	0.4537	0.0267	0.5020	1.3990
6	国外理论动态	1	0.0324	0	0.2683	1.3007
7	当代世界与社会主义	0.5833	0.1620	0.0533	0.3333	1.1320
8	社会主义研究	0.5	0.0972	0	0.1829	0.7801
9	毛泽东邓小平理论研究	0.2083	0.0648	0.0267	0.3394	0.6392
10	中国特色社会主义研究	0.25	0.1944	0	0.1626	0.6070
11	科学社会主义	0.3333	0	0	0.2236	0.5569
12	当代世界社会主义问题	0.0833	0.0324	0	0.0976	0.2133
13	思想政治教育研究	0.0417	0.0324	0	0.1280	0.2021
14	毛泽东思想研究	0	0	0	0.0772	0.0772

（7）期刊论文规范性

对 14 种期刊 5 年发文情况的抽样调查，每种期刊每年抽查两期[①]，马克思主义理论学科 14 种期刊论文规范情况如表 28 所示。该学科有中文摘要的期刊占 93%，有中文关键词的期刊占 93%，两指标结果统一；有英文摘要的期刊占 28.6%，有英文关键词的期刊占 28.6%，其中《教学与研究》为每期部分文章配有英文摘要与关键词，该指标视作"有"而纳入统计数据。14 种期刊中的 13 种期刊在参考文献著录形式规范和参考文献著录真实准确指标抽查中均无不规范情况。由此可以看出，马克思主义理论学科期刊在论文规范方面做得比较好，体现出期刊编辑部门管理比较到位。

---

① 时间节点为 2014 年 6 月。

表 28 马克思主义理论学科期刊论文规范性情况

序号	刊名	论文规范					
		中文摘要	中文关键词	英文摘要	英文关键词	参考文献著录形式规范	参考文献著录真实准确
1	当代世界社会主义问题	有	有	有	有	是	是
2	当代世界与社会主义	有	有	无	无	是	是
3	国外理论动态	有	有	无	无	是	是
4	教学与研究	有	有	部分有	部分有	是	是
5	科学社会主义	有	有	无	无	是	是
6	马克思主义研究	有	有	部分有	无	是	是
7	马克思主义与现实	有	有	无	无	是	是
8	毛泽东邓小平理论研究	有	有	无	无	是	否
9	毛泽东思想研究	有	有	无	无	是	是
10	求是	无	无	无	无	无	无
11	社会主义研究	有	有	无	无	是	是
12	思想政治教育研究	有	有	无	无	是	是
13	中共党史研究	有	有	无	无	是	是
14	中国特色社会主义研究	有	有	无	无	是	是

2. 社会影响力

鉴于搜索引擎成为广大民众查询资料的主要方式，从搜索引擎检索期刊的显示度可以在一定程度上反映该期刊的社会影响力。中国互联网信息中心（CNNIC）2014 年 7 月公布的《2014 年中国网民搜索行为研究报告》[①] 显示，在个人电脑端百度以 88.7% 的比例位居第一，使用过百度搜索的用户中，有 91.8% 都将百度作为常用搜索引擎；使用手机综合搜索引擎的用户中，在过去半年内使用过百度搜索的比例为 95.8%，因此选择百度作为测度社会影响力的检索工具。由于直接通过百度检索出来的无关信息太多，最后选择以期刊刊名相应的百度百科网页，获取词条页面中浏览次数、点赞次数、推荐次数、编辑次数以及最后编辑时间等信息，分析期刊的网络显示情况（如表 29 所示）。

---

① http://www.cnnic.net.cn/。

百度百科采用的是对所有注册用户开放编辑权限，因此，我们认为浏览次数反映的是一般程度的关注，点赞表明用户较为关注和认可，推荐则是较高层次的关注和认可，而编辑次数和最后一次编辑时间在一定程度上反映了用户关注的持续程度和用户忠诚度。

表29　　　　　　　　　马克思主义理论学科期刊网络显示度情况①

序号	刊名	浏览次数	点赞次数	推荐次数	编辑次数	最后一次编辑时间
1	科学社会主义	272895	795	271	63	2014—6—5
2	求是	121850	425	44	13	2014—6—15
3	毛泽东思想研究	16655	74	18	12	2014—6—25
4	教学与研究	16644	18	1	6	2013—12—28
5	思想政治教育研究	12464	9	2	6	2014—6—13
6	中共党史研究	10759	10	5	10	2014—5—31
7	中国特色社会主义研究	9825	29	11	6	2013—11—25
8	社会主义研究	9307	15	6	4	2013—11—29
9	马克思主义与现实	8711	11	3	6	2014—5—3
10	毛泽东邓小平理论研究	7769	13	5	4	2013—1—2
11	国外理论动态	5561	12	1	7	2014—6—1
12	当代世界与社会主义	4529	4	1	5	2013—12—17
13	当代世界社会主义问题	1808	3	0	3	2014—6—2
14	马克思主义研究	265	0	0	2	2013—12—5

（1）该学科各期刊网络显示度差异很大

从期刊的网络显示度看，马克思主义理论学科期刊的平均浏览次数为35645.86，点赞次数是101.29，推荐次数是26.29，均高于人文社会科学学科的平均值（见表30）。但是从表29可以看出，其余期刊浏览次数和点赞次数的总和不及《求是》的浏览次数和点赞次数，该学科各个期刊的社会影响力差异很大。

（2）该学科期刊网络关注持续程度和用户忠诚度情况呈现两极分化

---

① 数据采集截止日期为2014年6月30日。

从编辑次数看，"科学社会主义"被编辑 63 次，远远高于其他期刊，但是由于该词条不止包含期刊《科学社会主义》，因此该数字并不能真实反映实际情况。其他有 3 种期刊编辑次数超过 10 次，其余 10 种期刊均在 10 次之下。从最后一次编辑时间来看，该学科有 6 种期刊在收集数据前一个月之内有更新，有两种期刊在两个月之内有更新，有 5 种期刊超过半年未更新，有 1 种期刊超过一年未更新。

（3）该学科期刊网络显示度一般

从期刊的网络显示度看，该学科期刊的平均浏览次数为 35645.86，点赞次数是 101.29，推荐次数是 26.29，在所有 23 个学科中分别居于第 6 位、第 8 位和第 7 位（见表 30）。除去《科学社会主义》和《求是》，其他期刊的浏览次数、点赞次数和推荐次数均远低于平均值，有 9 种期刊的浏览次数、11 种期刊的点赞次数和 10 种期刊的推荐次数不及平均值的 50%。

表 30　　　　　　　　**人文社会科学 23 个学科期刊网络显示度情况**

序号	学科分类	浏览次数	点赞次数	推荐次数	序号	学科分类	浏览次数	点赞次数	推荐次数
1	法学	70024.26	201.77	59.10	13	统计学	6649.75	10.75	2.50
2	管理学	35119.00	90.00	17.20	14	图书馆、情报与档案学	11839.93	55.54	20.54
3	环境科学	12050.25	24.00	4.75	15	文学	17519.39	73.87	19.26
4	教育学	26207.21	33.33	7.48	16	心理学	102716.86	473.71	189.14
5	经济学	22522.00	59.40	14.36	17	新闻学与传播学	15011.55	27.64	5.73
6	考古学	28982.65	120.71	22.53	18	艺术学	78987.75	438.88	86.31
7	历史学	32591.84	123.42	39.77	19	语言学	26300.16	78.77	13.35
8	马克思主义理论	35645.86	101.29	26.29	20	哲学	18235.47	57.00	12.20
9	民族学与文化学	8207.48	20.59	4.59	21	政治学	10756.40	32.99	7.21
10	人文地理学	76527.42	206.92	38.58	22	宗教学	5558.00	9.00	1.00
11	社会学	45322.20	140.40	48.73	23	综合性人文社会科学	13647.44	28.59	8.20
12	体育学	9037.57	13.64	2.14		平均值	24445.55	74.35	19.19

3. 国际影响力

学术期刊的国际影响力可以通过是否被国际主流检索系统收录或在主流检索系统中的引用情况间接地部分反映。科学引文索引（SCI）、社会科学引文索引（SSCI）和艺术与人文引文索引（A&HCI）是国际大型综合性文献检索系统，其检索结果在一定程度上能反映出学术期刊的国际影响力。本部分数据来自 SCI、SSCI 和 A&HCI 三大索引，检索年限分别是 1997 年至今、2000 年至今和 2005 年至今，检索日期是 2015 年 1 月 22 日。

（1）《求是》的国际影响力最大，但整个学科的国际影响力偏低

检索结果显示，被引次数最多的是《求是》，远远多于其他期刊（见表31）。究其原因，《求是》有其对应的英文版 *Qiushi*，对提高《求是》的国际影响力起到了积极作用。[①] 被引次数较多的期刊还有《教学与研究》、《社会主义研究》和《马克思主义与现实》。通过期刊的引证文献可以进一步了解期刊在世界各个国家/地区的传播扩散情况。

表 31　马克思主义理论学科期刊在国际三大索引中的被引次数及引证文献分布

序号	刊名	被引次数	引证文献			
			数量	国家/地区数	中国发文数	中国发文所占比例（%）
1	求是	111	90	12	43	47.78
2	教学与研究	32	23	9	12	52.17
3	社会主义研究	11	11	6	5	45.46
4	马克思主义与现实	10	8	6	6	75
5	马克思主义研究	9	2	1	2	100
6	科学社会主义	6	6	4	3	50
7	国外理论动态	3	3	2	3	100
8	思想政治教育研究	3	3	2	3	100

[①]　*Qiushi* 创刊于 2009 年 10 月，以选编和翻译《求是》中文版的重要文章为主，服务于党和国家的对外交流，成为国外了解研究中国事务的重要窗口。

序号	刊名	被引次数	引证文献			
			数量	国家/地区数	中国发文数	中国发文所占比例（%）
9	当代世界与社会主义	2	2	3	1	50
10	当代世界社会主义问题	2	2	2	2	100
11	毛泽东邓小平理论研究	1	1	1	1	100
12	中国特色社会主义研究	1	1	1	1	100
13	中共党史研究	0	0	0	0	0
14	毛泽东思想研究	0	0	0	0	0

从总体上看，马克思主义理论学科期刊在三大索引中的被引次数整体偏低。根据中国学术文献国际评价研究中心和清华大学图书馆联合发布的《中国学术期刊国际引证年报（2014 年)》显示，中国社会科学院经济研究所主办的《经济研究》（中文期刊）在 2014 年一年的被引次数为 517 次，是我国主办的人文社会科学学术期刊国际被引次数最多的期刊。中国社会科学院世界经济与政治研究所主办的 *China & World Economy*（英文期刊）在 2014 年一年的被引次数为 250 次（排除自引），居于第二。如果加以比较的话，马克思主义理论学科被引次数最多的期刊的累计被引次数比《经济研究》一年的被引次数还低。

（2）该学科在美国、英国和澳大利亚的影响力较大

引用过马克思主义理论学科学术期刊文献的"国家/地区"共计有 14 个，除去中国内地，引用较多的国家/地区有美国、英国和澳大利亚，这显示出马克思主义理论学科期刊在这 3 个国家影响力相对较大（如表 32 所示）。进一步分析各期刊引证文献的国家/地区分布可发现，马克思主义理论学科期刊的引证文献所涉及的国家/地区数整体偏少，《求是》、《教学与研究》和《社会主义研究》3 个期刊相对较多，国外作者发文所占比例约为 50%，国际影响力相对较大。而近一半的期刊虽有被引，但也仅限于国内作者的引用，国际影响力相对较小。

表 32　　　　马克思主义理论学科期刊引证文献的国家/地区分布情况

序号	国家/地区	记录数
1	中国（大陆）	82
2	美国	36
3	英国	18
4	澳大利亚	15
5	加拿大	7
6	韩国	5
7	中国台湾	4
8	丹麦	4
9	新加坡	3
10	新西兰	2
11	日本	2
12	德国	2
13	瑞典	1
14	挪威	1

二

马克思主义理论学科期刊发文情况

（一）期刊发文的数量与来源分析

1. 期刊发文情况

（1）期刊发文数量呈上升趋势

1999—2013 年 15 年间，马克思主义理论学科发文 37083 篇，占人文社会科学期刊发文的 2.1%；该学科的年均发文量为 2472 篇，每个期刊的年均发文量为 177 篇。1999—2013 年间，14 种马克思主义理论学科的期刊发文数量总体上呈上升趋势，与人文社会科学其他学科发文数量变化趋势相同（如图 3 所示）。该学科期刊的总体运行状况良好。在 2007 年

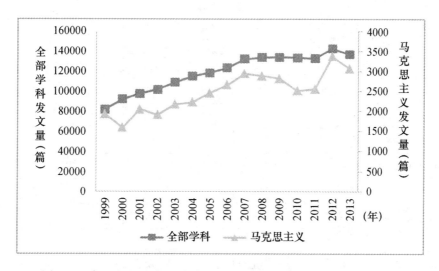

图3 马克思主义理论学科期刊发文量变化趋势（1999—2013年）

以前，上升趋势稳定，特别是 2002—2007 年 6 年间上升速度基本稳定
（图 3 显示发文量以一定斜率的直线上升）。2008—2011 年 4 年间，虽呈
现一定的下降趋势，但 2012 年又开始上升，出现反弹。

　　（2）各期刊年均发文量有较大差异，论文长度亦有较大差别

　　马克思主义理论学科期刊的发文情况如表 33 所示。这 14 种期刊的年
均发文量是 259 篇，年均发文量最低的是《当代世界社会主义问题》，仅
55 篇；年均发文量最高的是《求是》，达 474 篇。这 14 种期刊每期平均
发文量是 31 篇，每期平均发文量最低的是《当代世界社会主义问题》，
仅 14 篇；每期平均发文量最高的是《当代世界与社会主义》，达 53 篇。
这 14 种期刊每期的平均长度为 141 页，其中最短的是《求是》，每期 66
页，最长的是《当代世界与社会主义》，每期 209 页。这 14 种期刊每篇
论文的平均长度为 5 页，《求是》和《思想政治教育研究》最短，仅 3
页，《当代世界社会主义问题》的论文长度最长，达 9 页。

　　关注论文长度，首先与期刊自身定位有关，像《求是》这种时政理
论类刊物，出版周期较短，论文也相对篇幅不长。学术期刊追求转载率对
论文长度有一定影响的。有的刊物要求 8000 字以上甚至 10000 字以上的
文章才予以考虑录用。

表 33　　　　马克思主义理论学科期刊发文情况（2009—2013 年）

序号	刊名	年均发文（篇）	期均发文（篇）	每期长度（页）	论文长度（页）	论文合作率（%）
1	当代世界社会主义问题	55	14	128	9	18.70
2	中国特色社会主义研究	163	27	113	4	24.57
3	毛泽东邓小平理论研究	224	19	93	5	18.12
4	教学与研究	225	19	114	6	30.02
5	中共党史研究	233	19	129	7	16.13
6	社会主义研究	244	41	173	4	33.45
7	毛泽东思想研究	258	43	157	4	48.64
8	马克思主义与现实	263	44	206	5	30.14
9	科学社会主义	266	44	160	4	30.01
10	马克思主义研究	310	26	162	6	22.83

续表

序号	刊名	年均发文（篇）	期均发文（篇）	每期长度（页）	论文长度（页）	论文合作率（%）
11	当代世界与社会主义	319	53	209	4	25.23
12	国外理论动态	347	29	119	4	32.64
13	思想政治教育研究	250	42	142	3	61.22
14	求是	474	20	66	3	7.21
	平均值	259	31	141	5	28.49

注：由于期刊变更出版周期原因，本表中的"年均发文量"和"期均发文量"的计算由2009—2013年数据计算得来。《思想政治教育研究》采用的是2012年和2013年两年的数据。

　　a）"年均发文"指每种期刊每年的平均发文量，计算单位是"篇"；

　　b）"期均发文"指每种期刊每期的平均发文量，计算单位是"篇"；

　　c）"每期长度"指每种期刊每期长度，计算单位是"页"；

　　d）"论文长度"指每种期刊平均每篇论文的长度，计算单位是"页"；

　　e）"论文合作率"指每种期刊平均每篇论文的合作情况，如果一篇论文有不止一个作者（每篇论文的作者数≥2）就是一篇合作论文，计算单位是"%"。

2. 地区发文情况

　　数量虽然不能完全代表质量，但也须正确认识发文数量的价值。数量反映的是一个学术积累过程，是学术成长过程中不可或缺的"驿站"。一个地区、机构或作者在特定领域发表论文的数量可在一定程度上代表该地区、机构或作者在该领域的研究实力。马克思主义理论学科期刊2009—2013年的地区发文情况如表34所示。

　　（1）北京、湖北、上海和江苏四省市是第一梯队

　　从图4可以清晰看出，2009—2013年，北京、湖北、上海和江苏是该学科发文最多的4个省市，为马克思主义理论研究的第一梯队，发文数量均超过总数的5%，分别占学科发文总量的29.93%、6.84%、6.79%和5.85%。这4个省市发表论文数量占该学科发文数量的49.40%，接近发文总量的一半（如表34所示）。值得注意的是，北京的发文量为4336篇，约占1/3，是湖北省（居于第二）发文量的4倍多。

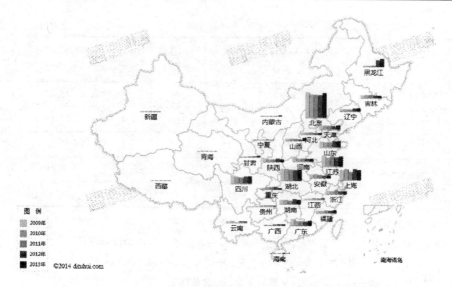

图4　马克思主义理论学科期刊载文的地区分布情况（2009—2013年）

（2）黑龙江、四川、山东、广东等18个省、直辖市是第二梯队

根据表34可知，从黑龙江（第5名）到云南（第22名）这18个地区的发文量均大于100篇，这18个地区发文量占总发文量的33.31%。

（3）西藏、青海、宁夏等9个省、自治区、直辖市是第三梯队

广西、甘肃、贵州、内蒙古、海南、新疆、宁夏、青海和西藏发文较少，发文量均在100篇以下。在2009—2013年5年间，这9个地区平均每年的发文量低于20篇。

（4）每个地区每年的发文量基本稳定

从表34可以看出，无论是发文量高还是发文量低的地区，2009—2013年5年间马克思主义理论学科的发文量基本稳定，各年发文量虽有上下浮动，但变化不大（表现为图4各地区每年发文量的柱状图长度变化不大）。需要说明的是，图4中黑龙江的发文柱形图在2012年和2013年有一个突然上升的表现，这是因为哈尔滨理工大学主办的《思想政治教育研究》收录的是2012年和2013年两年的数据，黑龙江很多作者的文章发表在该刊物上。

表 34　　　　　　马克思主义理论学科地区发文情况（2009—2013 年）

序号	地区	发文数（篇）	百分比（%）	序号	地区	发文数（篇）	百分比（%）
1	北京	4336	29.93	17	辽宁	198	1.37
2	湖北	991	6.84	18	重庆	197	1.36
3	上海	984	6.79	19	山西	178	1.23
4	江苏	847	5.85	20	河北	154	1.06
5	黑龙江	601	4.15	21	江西	131	0.90
6	四川	540	3.73	22	云南	103	0.71
7	山东	490	3.38	23	广西	98	0.68
8	广东	482	3.33	24	甘肃	72	0.50
9	湖南	403	2.78	25	贵州	62	0.43
10	河南	361	2.49	26	内蒙古	51	0.35
11	天津	312	2.15	27	海南	48	0.33
12	安徽	310	2.14	28	新疆	38	0.26
13	浙江	267	1.84	29	青海	19	0.13
14	福建	248	1.71	30	宁夏	18	0.12
15	陕西	240	1.66	31	西藏	8	0.06
16	吉林	213	1.47		其他	1489	10.28

注：

a）该表仅列出了我国 31 个省、自治区、直辖市的发文情况，中国香港及其他国家的发文列入"其他"中进行统计，有些期刊未提供发文作者所属机构或地址，也列入"其他"中进行统计。

b）此表是以作者所属单位所在地区为统计对象的，也就是说如果 1 篇论文由地区 A 的作者 a1 和作者 a2 及地区 B 的作者 b1，即 2 个地区的 3 位作者合作撰写，那么地区 A 的发文计算 1 次，地区 B 计算 1 次。因此该表数据的合计值大于发文数量。

3. 机构发文情况

（1）高校、社会科学院是该学科的主要发文机构

2009—2013 年，各类机构在马克思主义理论学科期刊的发文情况如表 35 所示。可以看出，高校共计发文 8166 篇，超过发文总数的一半（53.42%）；社科院的发文量为 1022 篇，占总发文量的 6.69%，居于第

二；党校系统发文量为 697 篇，占总发文量的 4.56%，位居第三。这 3
类机构的发文量约占了总发文量的 3/4。行政学院在该学科的发文量仅 61
篇，占总数的 0.39%。

表 35   马克思主义理论学科各类型机构发文情况（2009—2013 年）

机构类型	发文量	百分比（%）
高校	8166	53.42
社科院	1022	6.69
党校	697	4.56
行政学院	61	0.39
其他	5339	34.94
合计	15285	100.00

注：表中机构类型的划分方法如下。

a）"高校"的统计范围包括民办高校；

b）"社科院"包括中国社会科学院和地方社会科学院（如上海社会科学院、南京市社会科
学院等）；

c）"党校"包括中共中央党校和地方党校（如山东省委党校、广州市委党校等）；

d）"行政学院"包括国家行政学院和地方行政学院（如北京行政学院等）；

e）此表是以作者单位为统计对象的，也就是说如果一篇论文由机构类型 A 的作者 a1 和作者
a2 及机构类型 B 的作者 b1，即两个机构类型的 3 位作者合作撰写，那么机构类型 A 计算
1 次，机构类型 B 计算 1 次。因此该表数据的合计值大于发文数量。

（2）中国人民大学是发文量最多的高校，师范类高校的研究力量
较强

从表 36 可知，985 高校在马克思主义理论学科领域的发文量为 2889
篇，由于 985 高校仅有 39 所，因此每个 985 高校在该学科的平均发文量
最高为 74.08 篇。211 高校这里统计为 73 所（一共有 112 所，去除 39 所
985 高校）。这 73 所 211 高校在该学科的平均发文量为 25.16 篇。一般高
校有 1690 所，校均发文量为 2.03 篇，即每所一般高校每年在该领域的发
文不到 1 篇。民办高校的发文量低，444 所民办高校在 2009—2013 年 5 年
间一共发表了 11 篇论文。

表 36　　　　　马克思主义理论学科高校发文情况（2009—2013 年）

高校类型	发文量	高校数量	校均发文量	百分比（%）
985 高校	2889	39	74.08	35.38
211 高校①	1837	73	25.16	22.50
一般高校	3429	1690	2.03	41.99
民办高校	11	444	0.02	0.13
合计	8166	2246	—	100.00

注：表中高校机构类型的划分方法如下。

a）该表将高校机构类型分为 4 种，即 985 高校、211 高校、一般高校和民办高校；

b）此表是以作者单位为统计对象的，也就是说如果 1 篇论文由高校类型 A 的作者 a1 和作者 a2 及高校类型 B 的作者 b1，即两个高校类型的 3 位作者合作撰写，那么高校类型 A 计算 1 次，高校类型 B 计算 1 次。因此该表高校类型数据的合计值大于表 32 中机构类型中的"高校"数值。

从高校的具体发文情况看，在发文量 100 篇以上的 17 家马克思主义理论研究机构中，高校占 12 家。其中，中国人民大学是马克思主义理论学科发文第二大机构，也是高校发文量最多的单位，其在 2009—2013 年 5 年间发表 650 篇该学科论文，占发文总数的 4.35%。北京大学（第 6 位）、复旦大学（第 9 位）、武汉大学（第 10 位）、南开大学（第 12 位）、山东大学（第 13 位）、清华大学（第 14 位）、南京大学（第 16 位）的发文量均在 100 篇以上。师范类院校研究力量较强，如华中师范大学的发文量列第 5 位（374 篇），北京师范大学、南京师范大学、华东师范大学分列第 11、15、17 位。

（3）中国社会科学院是发文量最多的机构

中国社会科学院在马克思主义的研究中处于重要地位。中国社会科学院发文数为 662 篇，占总发文的 4.43%，居于第一位。中共中央党校、中共中央编译局和中共中央党史研究室在这 5 年间的发文量分别是 528、414 和 223 篇，这三个机构作用也非常重要。

---

① 如果高校 A 既是 211 高校又是 985 高校，那么高校 A 的发文在 985 高校中进行统计，在 211 高校中不再进行重复统计。

表 37   马克思主义理论学科发文量大于 100 篇的机构情况（2009—2013 年）

序号	机构	发文量	序号	机构	发文量
1	中国社会科学院	662	10	武汉大学	177
2	中国人民大学	650	11	北京师范大学	158
3	中共中央党校	528	12	南开大学	158
4	中共中央编译局	414	13	山东大学	151
5	华中师范大学	374	14	清华大学	141
6	北京大学	299	15	南京师范大学	121
7	中共中央党史研究室	223	16	南京大学	118
8	上海社会科学院	180	17	华东师范大学	104
9	复旦大学	179			

　　马克思主义理论学科的地区和机构发文量相辅相成，地区的发文量依赖于所在地区机构的发文量。如北京发文量之所以高居榜首，与中国社会科学院、中国人民大学等一批发文量靠前的机构坐落于北京密切相关。湖北发文量位居第二是因为有华中师范大学、武汉大学等发文量靠前的机构。华中师范大学和武汉大学两家单位的发文量之和为 551 篇，占湖北发文量的 55.60%。马克思主义理论学科发文量前 50 位科研机构地区分布图（图 5）可以进一步验证高发文机构与高发文地区的关系，该学科发文量前 50 位的机构主要集中在北京、湖北、江苏、上海等地区。

图 5   马克思主义理论学科发文量前 50 位科研机构城市分布（2009—2013 年）

西部一些地区科研机构相对较少，科研水平相对较低。比如，海南省以大学命名的只有海南大学和海南师范大学。海南社会科学院 2013 年 12 月才成立，且少有专门的马克思主义理论研究机构。西藏、青海等地也存在类似的情况。

（二）"自留地"现象

期刊创办的初衷是为广大学者提供学术交流公共平台，但目前有许多期刊成为期刊主办单位的"自留地"。也就是说，如果期刊 A 是机构 B 主办的，那么期刊 A 刊发的论文中，机构 B 的作者占了较大比重，期刊 A 成为机构 B 的"自留地"期刊，出现期刊"自留地"现象。

1. 人文社会科学期刊"自留地"现象分析

以 733 种期刊为样本，人文社会科学 23 个学科期刊"自留地"现象如表 38 所示。马克思主义理论学科期刊的"自留地"比重为 9.49%，居于第 10 位，该学科期刊的"自留地"现象不明显。宗教学是期刊"自留地"现象突出的学科。该学科一共有两种期刊，这两种期刊在 2009—2013 年 5 年间共刊载 1591 篇论文，其中期刊主办单位与期刊论文作者单位相同的论文有 359 篇，期刊的"自留地"比重是 22.56%。综合性人文社会科学期刊"自留地"比重为 19.80%，民族学与文化学、体育学、教育学这 3 个学科期刊的"自留地"比重分别为 19.64%、15.56% 和 12.30%。

表 38　人文社会科学 23 个学科期刊"自留地"现象分析（2009—2013 年）

序号	学科	A：期刊主办单位与期刊论文作者单位相同的论文数量	B：该学科期刊总发文量	"自留地"比重 A/B ×100%（%）
1	宗教学	359	1591	22.56
2	综合性人文社会科学	38209	192965	19.80
3	民族学与文化学	4469	22751	19.64
4	体育学	2473	15892	15.56
5	教育学	4422	35958	12.30
6	社会学	824	7223	11.41

序号	学科	A：期刊主办单位与期刊论文作者单位相同的论文数量	B：该学科期刊总发文量	"自留地"比重 A/B ×100%（%）
7	法学	2603	23291	11.18
8	艺术学	1620	14501	11.17
9	新闻学与传播学	1659	17176	9.66
10	马克思主义理论	1357	14304	9.49
11	历史学	1410	15260	9.24
12	考古学	985	10860	9.07
13	政治学	4326	49481	8.74
14	经济学	8344	107221	7.78
15	环境科学	654	8931	7.32
16	语言学	1128	15678	7.19
17	哲学	745	10591	7.03
18	心理学	380	5654	6.72
19	人文地理学	596	12172	4.90
20	文学	840	18701	4.49
21	统计学	125	4850	2.58
22	管理学	754	29745	2.53
23	图书馆、情报与档案学	975	44091	2.21

2. 马克思主义理论学科期刊"自留地"现象分析

如表 39 所示，2009—2013 年 5 年间，中国人民大学主办的《教学与研究》共发文 849 篇，其中中国人民大学作者的论文有 264 篇，"自留地"比重为 31.10%。"自留地"比重第二高的是山东大学主办的《当代世界社会主义问题》，第三高的是华中师范大学主办的《社会主义研究》。《求是》和《科学社会主义》几乎没有"自留地"，《中国特色社会主义研究》虽有"自留地"，但地盘较小。

有的期刊有多个主办单位，如《中国特色社会主义研究》有 3 个主办单位，《毛泽东邓小平理论研究》和《毛泽东思想研究》各有两个主办单位。从这 3 种有多个主办单位的期刊看，期刊的第二或第三主办单位在该期刊的"自留地"现象较之第一主办单位在该刊的"自留地"比重大

大降低。例如,《中国特色社会主义研究》第二主办单位北京市中国特色
社会主义理论体系研究中心和第三主办单位北京市科学社会主义学会在该
刊无"自留地",《毛泽东邓小平理论研究》的第二主办单位上海市中国
特色社会主义理论体系研究中心无"自留地",《毛泽东思想研究》第二
主办单位四川省社会科学界联合会仅有很小的"自留地"。

表39　　马克思主义理论学科期刊"自留地"现象分析(2009—2013年)

序号	期刊	主办单位	A:该单位在该刊的发文量	B:该刊总发文量	"自留地"比重 A/B ×100% (%)
1	教学与研究	中国人民大学	264	849	31.10
2	当代世界社会主义问题	山东大学	64	233	27.47
3	社会主义研究	华中师范大学	234	911	25.69
4	国外理论动态	中共中央编译局	182	944	19.28
5	中共党史研究	中共中央党史研究室	181	1030	17.57
6	马克思主义研究	中国社会科学院	195	1290	15.12
7	思想政治教育研究	哈尔滨理工大学	71	500	14.20
8	毛泽东邓小平理论研究	上海社会科学院	100	978	10.22
9	马克思主义与现实	中共中央编译局	89	1002	8.88
10	当代世界与社会主义	中共中央编译局	86	1175	7.32
11	毛泽东思想研究	四川省社会科学院	69	971	7.11
12	中国特色社会主义研究	北京市社会科学界联合会	3	676	0.44
13	求是	中国共产党中央委员会	0	2495	0.00
14	科学社会主义	中国科学社会主义学会	0	1250	0.00
15	中国特色社会主义研究	北京市中国特色社会主义理论体系研究中心	0	676	0.00
16	毛泽东邓小平理论研究	上海市中国特色社会主义理论体系研究中心	0	978	0.00

续表

序号	期刊	主办单位	A：该单位在该刊的发文量	B：该刊总发文量	"自留地"比重 A/B ×100%（%）
17	毛泽东思想研究	四川省社会科学界联合会	1	971	0.10
18	中国特色社会主义研究	北京市科学社会主义学会	0	676	0.00

注：该表的统计方法如下。

a) 期刊的主办单位统一到一级机构，如《马克思主义研究》的主办单位是"中国社会科学院马克思主义研究院"，在统计时将主办单位统一到"中国社会科学院"；

b) 作者所属机构统一到一级机构，如《马克思主义研究》刊登的一篇论文的作者是"中国社会科学院研究生院"，在统计时将作者所属机构统一到"中国社会科学院"；

c) 此表是以作者所属单位为统计对象的，也就是说如果 1 篇论文由机构 A 的作者 a1 和作者 a2 及机构 B 的作者 b1，即两个地区的 3 位作者合作撰写，那么机构 A 的发文计算 1 次，机构 B 计算 1 次。因此该表数据的合计值大于发文数量；

d)《思想政治教育研究》仅 2012 年、2013 年两年数据。

3. 各期刊"自留地"现象分析

733 种期刊中，有的期刊"自留地"现象较为突出，"自留地"比重较大的 50 种期刊如表 40 所示。可以看出，在"自留地"比重最高的 50 种期刊中，有 49 种期刊的主办单位是高校，有 47 种期刊是高校主办的学报。厦门大学主办的《厦门大学学报（哲学社会科学版）》，有 81.24% 的论文是厦门大学学者发表的，仅有不到 20% 的论文是其他单位学者发表的。北京师范大学主办的《北京师范大学学报（社会科学版）》的"自留地"比重超过 70%，西安交通大学主办的《西安交通大学学报（社会科学版）》"自留地"比重为 67.32%。

根据中华人民共和国教育部 1998 年 4 月 1 日发布的《高等学校学报管理办法》（简称《办法》）第二条，"高等学校学报是高等学校主办的、以反映本校科研和教学成果为主的学术理论刊物，是国内外学术交流的重要园地"。高校学报"自留地"比重较高，与《办法》中对高等学校学报的定位"以反映本校科研和教学成果为主的学术理论刊物"有一定关系，但如果"自留地"比重太大，就有辩证分析的必要。

表40　人文社会科学各期刊"自留地"现象分析（2009—2013年）

序号	期刊	主办单位	A：该单位在该刊的发文数	B：该刊发文总数	"自留地"比重：A/B×100%（%）	CNKI参考值			万方数据参考值		
						A	B	A/B×100%（%）	A	B	A/B×100%（%）
1	厦门大学学报（哲学社会科学版）	厦门大学	420	517	81.24	439	551	79.67	438	543	80.66
2	北京师范大学学报（社会科学版）	北京师范大学	384	546	70.33	451	649	69.49	382	570	67.02
3	西安交通大学学报（社会科学版）	西安交通大学	377	560	67.32	384	584	65.75	379	572	66.26
4	浙江大学学报（人文社会科学版）	浙江大学	395	616	64.12	478	774	61.76	587	981	59.84
5	天津大学学报（社会科学版）	天津大学	361	590	61.19	367	604	60.76	363	594	61.11
6	西藏民族学院学报（哲学社会科学版）	西藏民族学院	497	835	59.52	555	906	61.26	507	873	58.08
7	中国人民大学学报	中国人民大学	362	613	59.05	390	648	60.19	263	421	62.47
8	华侨大学学报（哲学社会科学版）	华侨大学	224	381	58.79	225	428	52.57	225	393	57.25
9	吉林大学社会科学学报	吉林大学	392	684	57.31	419	705	59.43	未收录	未收录	—
10	复旦学报（社会科学版）	复旦大学	293	512	57.23	297	584	50.86	293	514	57.00

续表

序号	期刊	主办单位	A：该单位在该刊的发文数	B：该刊发文总数	"自留地"比重：A/B×100%（%）	CNKI参考值			万方数据参考值		
						A	B	A/B×100%（%）	A	B	A/B×100%（%）
11	四川大学学报（哲学社会科学版）	四川大学	329	575	57.22	347	619	56.06	341	600	56.83
12	湖北师范学院学报（哲学社会科学版）	湖北师范学院	693	1214	57.08	695	1216	57.15	678	1227	55.26
13	南亚研究季刊	四川大学	214	386	55.44	217	393	55.22	211	411	51.34
14	南开学报（哲学社会科学版）	南开大学	297	537	55.31	301	588	51.19	收录不全	收录不全	—
15	渭南师范学院学报	渭南师范学院	694	1263	54.95	824	1526	54.00	768	1489	51.58
16	北京交通大学学报（社会科学版）	北京交通大学	241	444	54.28	255	500	51.00	254	473	53.70
17	华东师范大学学报（哲学社会科学版）	华东师范大学	294	542	54.24	342	607	56.34	收录不全	收录不全	—
18	中山大学学报（社会科学版）	中山大学	353	651	54.22	358	660	54.24	356	654	54.43
19	华南理工大学学报（社会科学版）	华南理工大学	341	629	54.21	353	668	52.84	344	656	52.44
20	上海师范大学学报（哲学社会科学版）	上海师范大学	257	486	52.88	261	521	50.10	259	495	52.32

续表

序号	期刊	主办单位	A：该单位在该刊的发文数	B：该刊发文总数	"自留地"比重：A/B×100%（%）	CNKI参考值			万方数据参考值		
						A	B	A/B×100%（%）	A	B	A/B×100%（%）
21	武汉大学学报（人文科学版）	武汉大学	353	669	52.77	377	705	53.48	收录不全	收录不全	—
22	西华师范大学学报（哲学社会科学版）	西华师范大学	329	626	52.56	340	639	53.21	338	633	53.40
23	福建师范大学学报（哲学社会科学版）	福建师范大学	419	808	51.86	445	881	50.51	420	815	51.53
24	上海交通大学学报（哲学社会科学版）	上海交通大学	164	318	51.57	204	387	52.71	177	363	48.76
25	重庆师范大学学报（哲学社会科学版）	重庆师范大学	323	627	51.52	328	657	49.92	325	648	50.15
26	东北师大学报（哲学社会科学版）	东北师范大学	838	1665	50.33	846	1675	50.51	846	1669	50.69
27	北京林业大学学报（社会科学版）	北京林业大学	197	398	49.50	291	500	58.20	237	420	56.43
28	山东大学学报（哲学社会科学版）	山东大学	335	680	49.26	386	816	47.30	356	814	43.73

续表

序号	期刊	主办单位	A：该单位在该刊的发文数	B：该刊发文总数	"自留地"比重：A/B×100%（%）	CNKI参考值			万方数据参考值		
						A	B	A/B×100%（%）	A	B	A/B×100%（%）
29	南京财经大学学报	南京财经大学	286	582	49.14	287	584	49.14	未收录	未收录	—
30	乐府新声（沈阳音乐学院学报）	沈阳音乐学院	443	905	48.95	455	938	48.51	421	945	44.55
31	上海体育学院学报	上海体育学院	307	631	48.65	314	654	48.01	311	636	48.90
32	福州大学学报（哲学社会科学版）	福州大学	297	614	48.37	330	654	50.46	311	645	48.22
33	浙江师范大学学报（社会科学版）	浙江师范大学	311	648	47.99	329	716	45.95	327	671	48.73
34	华南师范大学学报（社会科学版）	华南师范大学	403	851	47.36	446	907	49.17	434	874	49.66
35	武汉大学学报（哲学社会科学版）	武汉大学	339	722	46.95	361	758	47.63	收录不全	收录不全	—
36	陕西师范大学学报（哲学社会科学版）	陕西师范大学	329	702	46.87	385	876	43.95	未收录	未收录	—
37	台湾研究集刊	厦门大学	151	323	46.75	152	343	44.31	148	337	43.92

续表

序号	期刊	主办单位	A：该单位在该刊的发文数	B：该刊发文总数	"自留地"比重：A/B×100%（%）	CNKI参考值			万方数据参考值		
						A	B	A/B×100%（%）	A	B	A/B×100%（%）
38	安徽师范大学学报（人文社会科学版）	安徽师范大学	300	647	46.37	325	688	47.24	317	656	48.32
39	宁波大学学报（人文科学版）	宁波大学	355	795	44.65	371	861	43.09	349	801	43.57
40	北京大学学报（哲学社会科学版）	北京大学	274	615	44.55	286	729	39.23	未收录	未收录	—
41	中国人民公安大学学报（社会科学版）	中国人民公安大学	307	693	44.30	309	693	44.59	324	404	80.20
42	吉林师范大学学报（人文社会科学版）	吉林师范大学	482	1098	43.90	493	1247	39.53	491	1101	44.60
43	延边大学学报（社会科学版）	延边大学	330	753	43.82	352	796	44.22	333	778	42.80
44	首都师范大学学报（社会科学版）	首都师范大学	330	755	43.71	654	1384	47.25	345	796	43.34
45	西北大学学报（哲学社会科学版）	西北大学	497	1138	43.67	531	1214	43.74	513	1149	44.65
46	山东师范大学学报（人文社会科学版）	山东师范大学	326	747	43.64	350	815	42.94	340	789	43.09

续表

序号	期刊	主办单位	A：该单位在该刊的发文数	B：该刊发文总数	"自留地"比重：A/B×100%（%）	CNKI参考值			万方数据参考值		
						A	B	A/B×100%（%）	A	B	A/B×100%（%）
47	人类学学报	中国科学院	98	225	43.56	116	268	43.28	107	236	45.34
48	广州大学学报（社会科学版）	广州大学	185	426	43.43	548	1090	50.28	539	1102	48.91
49	南华大学学报（社会科学版）	南华大学	317	731	43.37	402	968	41.53	394	938	42.00
50	东南大学学报（哲学社会科学版）	东南大学	325	750	43.33	465	1559	29.83	330	866	38.11

注：

a) 该表统计方法与表39相同。需要注意的是，该统计方法中发文量的计算仅计算学术论文数量，期刊刊发的会议通知、消息等不计算在发文量中。

b) "CNKI参考值"是2015年6月20日从中国知网CNKI（http：//www.cnki.net/）和万方数据（http：//www.wanfangda-ta.com.cn/）中获取的相关数据。"CNKI参考值"与"万方数据参考值"中的"A"为对应期刊在对应数据库中该单位在该刊的发文数；"B"为对应期刊在该数据库中显示出的发文总数；"A/B×100%"为两个数据库中数据计算得出的"自留地"比重。由于各数据库对于会议通知、消息等的计算方式不同，所以数量略有差异。

c) "CNKI参考值"中《东南大学学报（哲学社会科学版）》的"B"数据（1559）是我方数据（750）和万方数据（866）的两倍左右，该数据大准确；"万方数据参考值"中"未收录"表示该数据库中未收录期刊数据，"收录不全"为该数据库收录期刊2009—2013年数据不全，例如有的期刊仅收录了2009—2010两年的数据。

（三）"小圈子"现象

1. 期刊"小圈子"现象

很多期刊的地域辐射范围都较小，地域对期刊的影响较为明显，如果期刊 A 机构所在地为 B 省，那么期刊 A 刊发的论文中，B 省作者的论文占了较大比重，期刊 A 成为 B 省的"小圈子"期刊，呈现期刊"小圈子"现象。

（1）人文社会科学期刊"小圈子"现象分析

从人文社会科学 23 个学科来看，综合性人文社会科学期刊的"小圈子"现象较为明显，在 2009—2013 年 5 年间共发文 192965 篇，其中有 86183 篇，即 44.66% 的论文为期刊主办单位所在地区的作者发表的论文。民族学与文化学期刊的"小圈子"比重为 43.00%，列第二位；政治学期刊的"小圈子"比重为 38.94%，居于第三。

从"自留地"和"小圈子"的比较来看，"自留地"现象与"小圈子"现象存在一定的正相关关系，但各学科的相关程度有所不同。比如说政治学的"自留地"现象不严重（"自留地"比重列 23 个学科中的第 13 位），但"小圈子"现象较明显（"小圈子"比重列 23 个学科中的第 3 位），"小圈子"的比重为 38.94%。

马克思主义理论学科期刊的"小圈子"比重为 34.42%，列第 6 位。该学科期刊刊发的论文数量为 14304 篇，其中期刊主办单位所在地区与期刊论文作者所在单位地区相同的论文数为 4924 篇，这就意味着，超过 2/3 的论文在作者所在省份主办的期刊上发表。

（2）马克思主义理论学科期刊"小圈子"现象分析

马克思主义理论学科期刊的"小圈子"情况如表 42 所示。《教学与研究》的主办单位是中国人民大学，地处北京，该期刊 2009—2013 年 5 年间共发表论文 849 篇，其中有 490 篇，即超过一半（57.71%）的论文作者来自北京。《中国特色社会主义研究》刊发的论文中，北京本地区作者论文占全部论文（676 篇）的 53.85%，列第二位。居于第三的是《中共党史研究》，本地区作者论文占全部论文的 44.66%，接近一半。北京的另外一种期刊《国外理论动态》本地区作者论文占全部论文的 43.75%，

表41 人文社会科学23个学科期刊"小圈子"现象分析（2009—2013年）

序号	学科	A：期刊主办单位地区与期刊论文作者单位所在地区相同的论文数量	B：该学科期刊总发文量	"小圈子"比重 A／B ×100%（％）
1	综合性人文社会科学	86183	192965	44.66
2	民族学与文化学	9784	22751	43.00
3	政治学	19268	49481	38.94
4	艺术学	5336	14501	36.80
5	教育学	12459	35958	34.65
6	马克思主义理论	4924	14304	34.42
7	考古学	3648	10860	33.59
8	法学	7713	23291	33.12
9	心理学	1822	5654	32.22
10	社会学	2309	7223	31.97
11	体育学	5053	15892	31.80
12	历史学	4634	15260	30.37
13	宗教学	475	1591	29.86
14	哲学	3140	10591	29.65
15	环境科学	2628	8931	29.43
16	新闻学与传播学	4946	17176	28.80
17	人文地理学	3200	12172	26.29
18	经济学	27056	107221	25.23
19	语言学	3694	15678	23.56
20	图书馆、情报与档案学	9630	44091	21.84
21	文学	4074	18701	21.78
22	统计学	986	4850	20.33
23	管理学	5791	29745	19.47

也是一个较高的比例。这一特征可能与该学科研究团队的分布情况有关，北京是该学科研究团队集中地之一。

表42　　马克思主义理论学科期刊"小圈子"现象分析（2009—2013年）

序号	期刊	所在地区	A：该地区作者在该刊发文量	B：该期刊总发文量	"小圈子"比重A/B×100%（%）
1	教学与研究	北京	490	849	57.71
2	中国特色社会主义研究	北京	364	676	53.85
3	中共党史研究	北京	460	1030	44.66
4	国外理论动态	北京	413	944	43.75
5	社会主义研究	湖北	354	911	38.86
6	毛泽东思想研究	四川	343	971	35.32
7	马克思主义与现实	北京	327	1002	32.63
8	思想政治教育研究	黑龙江	162	500	32.40
9	毛泽东邓小平理论研究	上海	297	978	30.37
10	当代世界社会主义问题	山东	70	233	30.04
11	马克思主义研究	北京	385	1290	29.84
12	科学社会主义	北京	364	1250	29.12
13	当代世界与社会主义	北京	333	1175	28.34
14	求是	北京	562	2495	22.53

注：《思想政治教育研究》仅2012年、2013年两年数据。

（3）各期刊"小圈子"现象分析

在以733种期刊为样本的统计结果中，有的期刊"小圈子"现象较为严重，"小圈子"比重较大的40种期刊如表43所示。可以看出，在"小圈子"比重最高的40个期刊中，有36种期刊是高校主办的学报，高校学报的"小圈子"现象较为明显。广东的《广东第二师范学院学报》，有82.46%的论文是广东省学者发表的，仅有不到20%的论文是其他省份学者发表的。厦门大学的《厦门大学学报（哲学社会科学版）》、北京师范大学的《北京师范大学学报（社会科学版）》"小圈子"比重均超过

80%。在733种期刊中，"小圈子"比重超过70%的有25种，占3.41%；超过50%的期刊有165种，占22.51%。"自留地"与"小圈子"是有一定关系的，当一个期刊"自留地"比重高时，"小圈子"比重亦会受到一定影响，比重也会较高。

　　有些期刊"小圈子"现象明显，但"自留地"现象不明显，如广东的《广东第二师范学院学报》，这说明这些期刊虽然无法在全国范围内形成影响力，吸引全国各地区作者投稿的能力较弱，但是该刊在其所在地区承担着重要的学术交流任务，发挥着重要的交流平台作用，其"小圈子"现象的出现是积极的。

表43　　人文社会科学各期刊"小圈子"现象分析（2009—2013年）

序号	期刊	所在地区	A：该地区作者在该刊发文量	B：该期刊总发文量	"小圈子"比重 A/B ×100%（%）
1	广东第二师范学院学报	广东	489	593	82.46
2	厦门大学学报（哲学社会科学版）	福建	422	517	81.62
3	北京师范大学学报（社会科学版）	北京	439	546	80.40
4	西安交通大学学报（社会科学版）	陕西	446	560	79.64
5	天津大学学报（社会科学版）	天津	467	590	79.15
6	湖北师范学院学报（哲学社会科学版）	湖北	957	1214	78.83
7	福州大学学报（哲学社会科学版）	福建	463	614	75.41
8	西北大学学报（哲学社会科学版）	陕西	845	1138	74.25
9	华东师范大学学报（哲学社会科学版）	上海	402	542	74.17
10	辽宁师范大学学报（社会科学版）	辽宁	733	991	73.97
11	贵州民族大学学报（哲学社会科学版）	贵州	1106	1500	73.73
12	沈阳师范大学学报（社会科学版）	辽宁	1226	1666	73.59
13	渭南师范学院学报	陕西	913	1263	72.29
14	中国人民大学学报	北京	442	613	72.10

续表

序号	期刊	所在地区	A：该地区作者在该刊发文量	B：该期刊总发文量	"小圈子"比重 A/B×100%（%）
15	东北师大学报（哲学社会科学版）	吉林	1191	1665	71.53
16	浙江大学学报（人文社会科学版）	浙江	440	616	71.43
17	华南理工大学学报（社会科学版）	广东	448	629	71.22
18	北京交通大学学报（社会科学版）	北京	316	444	71.17
19	华侨大学学报（哲学社会科学版）	福建	270	381	70.87
20	故宫博物院院刊	北京	244	345	70.72
21	北京社会科学	北京	389	551	70.60
22	西安文理学院学报（社会科学版）	陕西	741	1051	70.50
23	江苏第二师范学院学报	江苏	568	807	70.38
24	首都师范大学学报（社会科学版）	北京	531	755	70.33
25	上海师范大学学报（哲学社会科学版）	上海	341	486	70.16
26	宁波大学学报（人文科学版）	浙江	555	795	69.81
27	内蒙古师范大学学报（哲学社会科学（汉文）版）	内蒙古	655	948	69.09
28	山东大学学报（哲学社会科学版）	山东	468	680	68.82
29	扬州大学学报（人文社会科学版）	江苏	436	635	68.66
30	浙江师范大学学报（社会科学版）	浙江	444	648	68.52
31	湘潭大学学报（哲学社会科学版）	湖南	685	1002	68.36
32	青海师范大学学报（哲学社会科学版）	青海	826	1211	68.21
33	北京联合大学学报（人文社会科学版）	北京	230	342	67.25
34	复旦学报（社会科学版）	上海	343	512	66.99
35	四川大学学报（哲学社会科学版）	四川	383	575	66.61
36	国际观察	上海	216	326	66.26
37	国际安全研究	北京	339	512	66.21
38	武汉大学学报（人文科学版）	湖北	442	669	66.07

序号	期刊	所在地区	A：该地区作者在该刊发文量	B：该期刊总发文量	"小圈子"比重 A/B ×100% （%）
39	福建师范大学学报（哲学社会科学版）	福建	531	808	65.72
40	西华师范大学学报（哲学社会科学版）	四川	410	626	65.50

2. 地域"小圈子"现象

（1）31个省、自治区、直辖市学术期刊"小圈子"现象分析

从地区角度统计各地区主办期刊的"小圈子"现象可知，新疆主办的期刊中，新疆作者发表的论文占到了一半以上（51.71%），即新疆主办期刊的"小圈子"比重为51.71%；新疆的"自留地"比重为20.10%。由此推断，新疆主办的期刊在新疆发挥着重要的学术交流平台作用。

浙江、广东和江苏作为学术发达省份，这三个省份主办的期刊却未在全国范围内发挥重要作用，这三个省份的"小圈子"比重分别达到46.08%、44.35%和43.98%，也就是说这三个省份主办的期刊在很大程度上扮演的是省内刊物的角色，而不是全国性刊物的角色。与之形成对比的是山西、宁夏、黑龙江等省区的期刊在全国性学术交流中发挥了较为重要的作用。

北京、上海、湖北受本地研究群体庞大的影响，存在一定的"小圈子"现象，但这三个省市的"自留地"比重并不是特别高，分别为9.34%、13.69%和15.97%。由此推断，这三个省市还是积极发挥了全国学术交流平台的作用。

内蒙古的"自留地"比重是我国31个省、自治区、直辖市中最高的，为23.39%；其次是青海，为21.33%；并列第三的是陕西和海南，"自留地"比重为20.14%。"自留地"比重最小的三个地区分别是山西、黑龙江和广西。由此推断，期刊的"小圈子"、"自留地"现象的出现和地区的经济发达程度无直接关系，关键还是在于期刊本身。

表 44　人文社会科学 31 个地区期刊"小圈子"现象分析（2009—2013 年）

地区	A：该地区作者在该地区主办期刊的发文数	B：该地区期刊主办单位与作者单位相同论文数	C：该地区主办期刊总发文数	"小圈子"比重 A/C ×100%（%）	"自留地"比重 B/C ×100%（%）
新疆	1528	594	2955	51.71	20.10
浙江	4323	1586	9382	46.08	16.90
青海	2193	1017	4768	45.99	21.33
广东	7981	3031	17996	44.35	16.84
江苏	11228	2841	25528	43.98	11.13
贵州	3697	1269	8483	43.58	14.96
内蒙古	2219	1196	5114	43.39	23.39
福建	4348	1911	10365	41.95	18.44
辽宁	6560	3109	15823	41.46	19.65
山东	7347	1818	18234	40.29	9.97
湖南	9645	3137	24493	39.38	12.81
西藏	161	55	415	38.80	13.25
河南	9171	3501	24042	38.15	14.56
四川	8961	3056	23845	37.58	12.82
陕西	7820	4239	21052	37.15	20.14
湖北	12226	5579	34935	35.00	15.97
上海	11934	4741	34635	34.46	13.69
北京	69923	19814	212185	32.95	9.34
重庆	3539	1995	11063	31.99	18.03
吉林	8841	3645	29972	29.50	12.16
安徽	1488	552	5195	28.64	10.63
江西	5880	1697	20757	28.33	8.18
天津	3375	1375	12481	27.04	11.02
海南	513	387	1922	26.69	20.14
河北	3165	1328	12135	26.08	10.94
云南	3623	1293	14169	25.57	9.13
甘肃	3877	1333	15338	25.28	8.69

续表

地区	A：该地区作者在该地区主办期刊的发文数	B：该地区期刊主办单位与作者单位相同论文数	C：该地区主办期刊总发文数	"小圈子"比重 A/C ×100% （%）	"自留地"比重 B/C ×100% （%）
广西	3722	1016	15306	24.32	6.64
黑龙江	5087	1101	21859	23.27	5.04
宁夏	976	320	4731	20.63	6.76
山西	3402	721	19709	17.26	3.66

（2）马克思主义理论学科期刊所在地区的"小圈子"现象分析

马克思主义理论学科 14 种期刊的主办地仅分布在北京、黑龙江、湖北、山东、上海、四川 6 个省市，期刊的"小圈子"比重基本相同，为 30%—40%，但山东和湖北两省在该学科领域有较高的"自留地"比重，分别为 27.47% 和 25.69%，值得关注。北京和上海在该学科的"自留地"比重分别仅为 7.65% 和 10.22%，因此可以说，北京和上海无论是从人文社会科学看还是具体到马克思主义理论学科来看，都发挥着积极作用。

表 45　马克思主义理论学科按地区期刊"小圈子"现象分析（2009—2013 年）

地区	A：该地区作者在该地区主办期刊的发文数	B：该地区期刊主办单位与作者单位相同论文数	C：该地区主办期刊总发文数	"小圈子"比重 A/C ×100% （%）	"自留地"比重 B/C ×100% （%）
北京	3698	819	10711	34.53	7.65
黑龙江	162	71	500	32.40	14.20
湖北	354	234	911	38.86	25.69
山东	70	64	233	30.04	27.47
上海	297	100	978	30.37	10.22
四川	343	69	971	35.32	7.11

3. 机构"小圈子"现象

从另一个角度看，有的期刊主办单位在自己主办期刊上的"自留地"

比重并不高，但是有的情况是该期刊主办单位在该学科的发文本身就不高。例如四川省社会科学院的"自留地"比重仅为 7.11%（如表 39 所示），但该机构在马克思主义理论学科期刊的发文量共计 73 篇，也就是说该机构在该学科发表的论文的 94.52% 发表在自己主办的刊物上。哈尔滨理工大学在该学科一共发表了 74 篇论文，其中有 71 篇论文发表在自己主办的刊物上，达到了 95.95% 的比重。

表 46　　马克思主义理论学科期刊主办单位发文情况（2009—2013 年）

序号	主办单位	期刊	A：该单位在该刊的发文量	B：该单位在该学科总发文量	A/B × 100%
1	中国共产党中央委员会	求是	0	0	—
2	中国科学社会主义学会	科学社会主义	0	0	—
3	北京市社会科学界联合会	中国特色社会主义研究	3	3	100
4	哈尔滨理工大学	思想政治教育研究	71	74	95.95
5	四川省社会科学院	毛泽东思想研究	69	73	94.52
6	中共中央党史研究室	中共党史研究	181	223	81.17
7	华中师范大学	社会主义研究	234	374	62.57
8	中共中央编译局	国外理论动态	182	415	43.86
9	山东大学	当代世界社会主义问题	64	151	42.38
10	中国人民大学	教学与研究	264	650	40.62
11	中国社会科学院	马克思主义研究	195	662	29.46
12	中共中央编译局	马克思主义与现实	89	415	21.45
13	中共中央编译局	当代世界与社会主义	86	415	20.72
14	上海社会科学院	毛泽东邓小平理论研究	100	978	10.22
15	北京市中国特色社会主义理论体系研究中心	中国特色社会主义研究	0	0	—
16	上海市中国特色社会主义理论体系研究中心	毛泽东邓小平理论研究	0	0	—
17	四川省社会科学界联合会	毛泽东思想研究	1	1	100.00
18	北京市科学社会主义学会	中国特色社会主义研究	0	0	—

"小圈子"现象的产生，与人文社会学科研究本身的特点有一定关

系，在某种程度上能反映不同期刊、不同地域和机构的研究特色与实力。部分期刊的"小圈子"现象，也表明该期刊在推动本地域学术发展方面积极承担责任，努力推动学术交流。但是，如果"小圈子"现象过于严重，则会导致"山头"林立，"门户"盛行，缺乏学术交流与思想碰撞，影响新生学术力量的成长。

（四）"一女多嫁"现象

科研资助在科学研究过程中发挥着重要作用，作为一种重要的科研成果形式，学术论文如果是科研资助取得的学术成果，通常会在文中适当的位置标注科研资助情况。例如，《政治忠诚与国家认同》是中南大学公共管理学院左高山发表在《马克思主义与现实》2010年第2期上的一篇论文，该论文标注的基金资助信息是"2009年度国家社会科学基金项目'政治暴力及其合法性研究'的阶段性成果，项目编号：09CZX030；2009年度国家社会科学基金重大攻关项目'社会主义核心价值观的构建与践行研究'的阶段性成果，项目编号：09&ZD003；中南大学首届'升华学者育英计划'项目的阶段性成果"。

如果一篇论文标注的基金数量多于1个，论文可以认为存在"一女多嫁"现象，也就是说学术论文与科研资助存在"一对多"问题。有的论文标注基金数量达到12个之多，也就是说一篇论文"嫁"给了12个基金，这一现象值得讨论。一篇论文为何会出现"一女多嫁"现象？论文"一女多嫁"，所"嫁"之基金可能科研的侧重点不一样，但基础是相同的，所以申请不同基金都获得了支持；也有可能课题不断发展滚动，也不断获得支持；还有一种可能是反复支持。如果是反复支持的结果，则有必要考虑基金资助机制是否存在缺陷。基金资助的本来目的是为科学研究提供支持，基金资助的重要形式之一是科研经费的支持，如果一个科研内容被多个基金支持，则应考虑基金资助效果，以及该论文研究团队在使用科研资助经费方面的规范性。

当然，也存在论文标注的基金与该论文内容无关的现象。一方面可能是该论文用了所标注基金的经费支持研究，目的是能在该基金资助结束的时候，有了新项目研究的所谓"研究基础"，因为新项目有可能会因为没有研究基础被否定。更有甚者，由于有基金标注的论文易被审稿人和期刊编辑看重，有的学者在论文投稿时倾向于标注基金。其实该论文并没有获得标注基金的资助，论文作者仅仅是为了增加发表的几率而添加基金资助信息。有的论文标注基金，也仅仅是由于用所标注的基金向期刊交了发表所需的版面费。有的刊物在此指标引导下，要求作者必须标注基金。

人文社会科学期刊中有 283332 篇论文标注基金资助信息，占论文总数的 41.73%。在这些标注基金的论文中，标注 1 个基金的有 177380 篇，占标注基金论文总数的 62.61%，标注 2 个及以上基金的论文占了 37.39%，也就是说有 1/3 以上的论文存在"一女多嫁"现象。其中标注 2 个基金的有 71499 篇，占标注基金论文总数的 25.24%；标注 3 个基金的有 24177 篇，占 8.53%；标注 4 个基金的有 5608 篇，占 1.98%；标注 5 个及以上基金数量的论文共 4668 篇，占 1.65%（如表 47 所示）。

从人文社会科学 23 个学科的"一女多嫁"情况看，环境科学"一女多嫁"问题最为严重，有 37.84% 的基金论文仅标注 1 个基金，62.16% 的论文标注了多个基金，其中标注 2 个基金的论文占了 32.30%，标注 3 个基金的论文占 18.48%，标注 4 个基金的论文占 5.85%，标注 5 个及以上基金的论文占了 5.54%。随后是心理学、统计学和管理学，"一女多嫁"的比重在 58% 左右。艺术学、体育学、新闻学与传播学的"一女多嫁"现象是 23 个学科中最少的。

马克思主义理论学科的基金论文中，标注 1 个基金的论文为 2795 篇，占基金论文总数的 67.30%，标注 2 个及以上基金的论文占了 32.70%，也就是说该学科有 1/3 左右的基金论文存在"一女多嫁"问题。从人文社会科学 23 个学科来看，该学科的"一女多嫁"现象列第 11 位，处于中间位置。

表 47　　　　　人文社会科学 23 个学科期刊论文"一女多嫁"现象分析（2009—2013 年）

序号	学科	标 1 个基金		标 2 个基金		标 3 个基金		标 4 个基金		标 5 个及以上		合计
		论文数	百分比	论文数	百分比	论文数	百分比	论文数	百分比	论文数	百分比	（论文数）
1	环境科学	1947	37.84	1662	32.30	951	18.48	301	5.85	285	5.54	5146
2	心理学	1699	42.03	1337	33.08	614	15.19	229	5.67	163	4.03	4042
3	统计学	789	42.67	581	31.42	302	16.33	49	2.65	128	6.92	1849
4	管理学	8698	42.85	6739	33.20	3128	15.41	745	3.67	987	4.86	20297

续表

序号	学科	标1个基金		标2个基金		标3个基金		标4个基金		标5个及以上		合计
		论文数	百分比	论文数	百分比	论文数	百分比	论文数	百分比	论文数	百分比	(论文数)
5	人文地理学	3630	45.71	2582	32.51	1176	14.81	287	3.61	267	3.36	7942
6	经济学	25800	52.24	13902	28.15	6373	12.90	1701	3.44	1615	3.27	49391
7	语言学	4175	60.12	1981	28.53	597	8.60	120	1.73	71	1.02	6944
8	哲学	2388	60.64	1105	28.06	341	8.66	62	1.57	42	1.07	3938
9	社会学	1954	61.93	814	25.80	252	7.99	56	1.77	79	2.50	3155
10	宗教学	362	64.53	149	26.56	40	7.13	6	1.07	4	0.71	561
11	马克思主义理论	2795	67.30	993	23.91	302	7.27	50	1.20	13	0.31	4153
12	综合性人文社会科学	58226	67.72	20356	23.68	5569	6.48	1137	1.32	690	0.80	85978
13	政治学	11628	69.79	3746	22.48	1001	6.01	187	1.12	99	0.59	16661
14	历史学	2613	69.83	862	23.04	218	5.83	44	1.18	5	0.13	3742
15	考古学	1791	70.32	554	21.75	146	5.73	37	1.45	19	0.75	2547
16	民族学与文化学	6333	70.73	1955	21.83	513	5.73	111	1.24	42	0.47	8954
17	教育学	11073	71.90	3420	22.21	751	4.88	124	0.81	33	0.21	15401
18	图书馆、情报与档案学	11034	72.12	3267	21.35	767	5.01	159	1.04	72	0.47	15299
19	文学	3397	72.55	1017	21.72	217	4.63	47	1.00	4	0.09	4682
20	法学	5957	72.57	1766	21.51	396	4.82	68	0.83	22	0.27	8209
21	新闻学与传播学	2775	75.82	705	19.26	145	3.96	24	0.66	11	0.30	3660
22	体育学	6001	76.48	1505	19.18	296	3.77	36	0.46	8	0.10	7846
23	艺术学	2315	78.88	501	17.07	82	2.79	28	0.95	9	0.31	2935
	合计	177380	62.61	71499	25.24	24177	8.53	5608	1.98	4668	1.65	283332

　　从马克思主义理论学科期刊论文的"一女多嫁"现象来看,《求是》不存在"一女多嫁"问题,该期刊仅有2篇论文标注了基金。《当代世界社会主义问题》有79篇论文标注了1个基金,占基金论文总数的81.44%,仅18.56%的基金论文存在"一女多嫁"现象(如表48所示)。

表 48 马克思主义理论学科期刊论文"一女多嫁"现象分析（2009—2013 年）

序号	学科	标1个基金		标2个基金		标3个基金		标4个基金		标5个基金及以上		合计（论文数）
		论文数	百分比	论文数	百分比	论文数	百分比	论文数	百分比	论文数	百分比	
1	求是	2	100	0	0	0	0	0	0	0	0	2
2	当代世界社会主义问题	79	81.44	13	13.4	4	4.12	1	1.03	0	0	97
3	中共党史研究	147	77.37	37	19.47	6	3.16	0	0	0	0	190
4	毛泽东思想研究	213	74.74	52	18.25	18	6.32	2	0.7	0	0	285
5	毛泽东邓小平理论研究	225	73.77	65	21.31	13	4.26	2	0.66	0	0	305
6	科学社会主义	256	73.56	69	19.83	19	5.46	3	0.86	1	0.29	348
7	中国特色社会主义研究	155	71.76	48	22.22	12	5.56	1	0.46	0	0	216
8	国外理论动态	67	67.68	28	28.28	3	3.03	1	1.01	0	0	99
9	思想政治教育研究	253	67.29	93	24.73	28	7.45	2	0.53	0	0	376
10	当代世界与社会主义	316	65.56	111	23.03	45	9.34	7	1.45	3	0.62	482
11	教学与研究	233	65.08	106	29.61	15	4.19	3	0.84	1	0.28	358
12	马克思主义研究	304	64.14	121	25.53	37	7.81	8	1.69	4	0.84	474
13	马克思主义与现实	212	60.92	92	26.44	37	10.63	6	1.72	1	0.29	348
14	社会主义研究	333	58.12	158	27.57	65	11.34	14	2.44	3	0.52	573
	合计	2795	67.30	993	23.91	302	7.27	50	1.20	13	0.31	4153

三

马克思主义理论学科期刊作者分析

本章主要从作者共被引角度分析我国马克思主义理论学科期刊的作者群体。在着重分析领袖作者群体的基础上，辅以定性分析方法分析了马克思主义基本原理作者群、马克思主义发展史作者群、政治经济学学科作者群、马克思主义中国化学科作者群、国外马克思主义学科作者群、思想政治教育学科作者群和中国近现代史学科作者群。对中国社会科学院、中国人民大学、中共中央党校、中共中央编译局、华中师范大学、北京大学等马克思主义理论研究重点机构加以介绍，并对军队系统的作者和机构进行了阐述。

（一）领袖作者群体分析

众所周知，马克思、恩格斯、列宁、斯大林是马克思主义经典作家。毛泽东、邓小平、江泽民、胡锦涛、习近平等党和国家领导人把马克思主义基本原理同中国革命、建设、改革的具体实际相结合，不断推进马克思主义中国化，实现了党的指导思想的与时俱进。他们的理论著述是马克思主义研究的理论基础和主要参考文献，为马克思主义研究领域学者广泛引用。

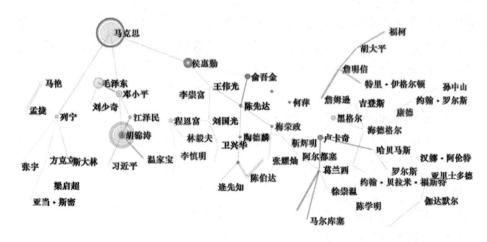

图6　马克思主义理论学科期刊作者共被引图谱

1. 马克思恩格斯列宁斯大林

马克思、恩格斯、列宁、斯大林是马克思主义经典作家。他们的重要著作，是从事马克思主义理论研究的学者经常使用的理论经典。

马克思和恩格斯是马克思主义的奠基者和创始人。"马克思和恩格斯的著作是特定时空的经典文本，写作年代是不变的。但凭借他们著作中所包含的基本原理，他们的生命价值和他们的思想超越了自己的时代。"[①]马克思恩格斯逝世以后，列宁继承和发展了马克思主义，并且在人类历史上第一次使社会主义实现了从理论向实践的飞跃。

马克思主义经典作家的经典著作主要包括：《德意志意识形态》、《共产党宣言》、《1844年经济学哲学手稿》、《社会主义从空想到科学的发展》、《1848年至1850年的法兰西阶级斗争》、《路德维希·费尔巴哈和德国古典哲学的终结》、《反杜林论》、《自然辩证法》、《哥达纲领批判》、《路易·波拿巴的雾月十八日》、《帝国主义论》、《国家与革命》和《唯物主义和经验批判主义》等。

马克思主义理论研究领域的学者对于马克思主义经典作家经典著作的使用，主要体现为以下几个方面：第一，马克思主义中国化理论创新成果与马克思主义经典作家基本观点之间的继承性和创新性的论证；第二，马

---

① 参见陈先达《论马克思主义基本原理及其当代价值》，《马克思主义研究》2009年第3期。

克思主义经典作家的基本观点作为学者支持自己论点的论据加以使用；第三，马克思主义经典作家的基本观点，正越来越多地成为马克思主义理论研究领域学者探讨其当代价值的对象。

2. 毛泽东邓小平江泽民胡锦涛

毛泽东思想是以毛泽东为代表的第一代党的领导集体智慧的结晶，是马克思列宁主义在中国的运用和发展，是被实践证明了的关于中国革命的正确的理论原则和经验总结。毛泽东思想有多方面的内容，在新民主主义革命、社会主义革命和社会主义建设、革命军队的建设和军事策略、政策与策略、思想政治工作和文化工作以及党的建设方面，以独创性的理论丰富和发展了马克思列宁主义。

以邓小平为核心的党的第二代领导集体，成功开创了中国特色社会主义，形成了邓小平理论。邓小平理论第一次比较系统地初步围绕"什么是社会主义，怎样建设社会主义"这个根本问题回答了中国社会主义的发展道路、发展阶段、根本任务、发展动力、外部条件、政治保证、战略步骤、党的领导和依靠力量以及祖国统一等一系列基本问题，指导我们党制定了在社会主义初级阶段的基本路线。它是贯通哲学、政治经济学、科学社会主义等领域，涵盖经济、政治、科技、教育、文化、民族、军事、外交、统一战线、党的建设等方面比较完备的科学体系，又是需要从各方面进一步丰富发展的科学体系。

以江泽民为核心的党的第三代领导集体，面对新世纪、新情况和新考验，提出了"三个代表"重要思想。"三个代表"重要思想是面向21世纪的中国化的马克思主义，是新世纪新阶段全党全国人民继往开来、与时俱进，实现全面建设小康社会宏伟目标的根本指针。"三个代表"重要思想的本质是立党为公、执政为民。"三个代表"重要思想是同马克思列宁主义、毛泽东思想和邓小平理论一脉相承而又与时俱进的科学体系，是马克思主义在中国发展的最新成果。"三个代表"重要思想系统概括我们党对社会主义建设规律的探索成果，科学预测现代化建设的发展趋势，规划了中国特色社会主义发展的宏伟蓝图和一整套发展战略，对建设中国特色社会主义的依靠力量作出了科学判断，确定了党的建设的总体部署。

科学发展观是以胡锦涛同志为总书记的党中央立足社会主义初级阶段基本国情，总结我国发展实践，借鉴国外发展经验，适应新的发展要求提出的重大战略思想。科学发展观，是对党的三代中央领导集体关于发展的重要思想的继承和发展，是马克思主义关于发展的世界观和方法论的集中体现，是同马克思列宁主义、毛泽东思想、邓小平理论和"三个代表"重要思想既一脉相承又与时俱进的科学理论，是我国经济社会发展的重要指导方针，是发展中国特色社会主义必须坚持和贯彻的重大战略思想。

3. 习近平

党的十八大以来，习近平总书记发表了一系列重要讲话，共计200多篇。这一系列重要讲话，深刻回答了新形势下党和国家事业发展的一系列重大理论和现实问题，提出了许多富有创见的新思想、新观点、新论断、新要求，是新的历史条件下我们党治国理政的行动纲领，是坚持和发展中国特色社会主义的最新理论成果，是我们夺取中国特色社会主义新胜利、实现中华民族伟大复兴中国梦的强大思想武器。已有的理论创新成果可概括为"一二三四五"。

"一"，即提出一个"中国梦"的伟大愿景。十八大后不久，习近平总书记就在参观"复兴之路"展览时发表重要讲话，指出，实现中华民族伟大复兴，就是中华民族近代以来最伟大的梦想。"中国梦"的基本内涵是实现国家富强、民族振兴、人民幸福。奋斗目标是到2020年国内生产总值和城乡居民人均收入在2010年的基础上翻一番，全面建成小康社会；到本世纪中叶建成富强民主文明和谐的社会主义现代化国家，实现中华民族伟大复兴的中国梦。"中国梦"开拓了中国特色社会主义的理论视野，升华了中国共产党的执政理念，彰显了中华民族的共同理想。

"二"，即提出"两个一百年"的奋斗目标。党的十八大明确提出了"两个一百年"的奋斗目标，即在中国共产党成立100年时全面建成小康社会、在新中国成立100年时建成富强民主文明和谐的社会主义现代化国家。党的十八大以来，习近平总书记进一步提出了实现中华民族伟大复兴的中国梦。"两个一百年"的奋斗目标、中华民族伟大复兴的中国梦，鼓舞人心，集中体现了广大人民群众的意愿。

"三"，即提出"三严三实"的治党要求。2014年3月9日，习近平总书记在十二届全国人大二次会议安徽代表团参加审议时发表重要讲话，他指出，各级领导干部都要既严以修身、严以用权、严以律己，又谋事要实、创业要实、做人要实。"三严三实"的作风建设要求，为做好新形势下干部工作提供了重要遵循。

"四",即提出"四个全面"的战略布局。习近平总书记 2014 年年底在江苏调研时,提出"协调推进全面建成小康社会、全面深化改革、全面推进依法治国、全面从严治党"。"全面建成小康社会"是十八大提出的战略目标。习近平总书记上任以来的十八届三中、四中全会则分别提出了"全面深化改革"、"全面推进依法治国"的治理方略。三中全会在中共党史上具有强烈的时代色彩:第一次将全面建成小康社会定位为"实现中华民族伟大复兴中国梦的关键一步";第一次将全面深化改革的总目标确定为"完善和发展中国特色社会主义制度、推进国家治理体系和治理能力现代化";第一次将全面依法治国论述为全面深化改革的"姊妹篇",形成"鸟之两翼、车之双轮";第一次为全面从严治党标定路径。每一个"全面",都是一整套结合实际、继往开来、勇于创新、独具特色的系统思想,闪耀着辩证唯物主义和历史唯物主义的理论光辉。"四个全面"相辅相成、相互促进、相得益彰,是我们党治国理政方略与时俱进的新创造、马克思主义与中国实践相结合的新飞跃。

"五",即提出"五位一体"的发展思路。党的十八大报告指出,建设中国特色社会主义,总布局是经济建设、政治建设、文化建设、社会建设、生态文明建设五位一体。五位一体总布局是一个有机整体,其中经济建设是根本,政治建设是保证,文化建设是灵魂,社会建设是条件,生态文明建设是基础。只有坚持五位一体建设全面推进、协调发展,才能形成经济富裕、政治民主、文化繁荣、社会公平、生态良好的发展格局,把我国建设成为富强民主文明和谐的社会主义现代化国家。

(二)学科作者群体分析

从作者发文情况看,2009—2013 年马克思主义理论学科的高发文作者(发文量大于 10)如表 49 所示。结合马克思主义理论学科特点、相关文献资料及作者共被引图谱,可将近年来我国马克思主义理论学科期刊的作者群体进行分类。需要注意,表 49 显示的是 2009—2013 年马克思主义理论学科期刊的发表情况。鉴于综合性期刊与高校学报等期刊也是学者发表论文的重要平台,这里并不完全反映该学科领域作者群体的基本面貌。

表 49 **马克思主义理论学科高发文作者（2009—2013 年）**

序号	作者	发文篇数	序号	作者	发文篇数
1	石仲泉	38	27	李忠杰	13
2	秋石	34	28	彭萍萍	13
3	欧阳淞	28	29	陈晋	12
4	赵曜	23	30	陈学明	12
5	徐崇温	22	31	高放	12
6	石平	20	32	郭强	12
7	胡为雄	19	33	季正矩	12
8	杨绍华	19	34	王建国	12
9	李捷	18	35	王军	12
10	李慎明	18	36	武力	12
11	郑德荣	18	37	刘建军	12
12	程恩富	17	38	唐鸣	12
13	严书翰	16	39	陶文昭	12
14	辛向阳	16	40	杨承训	12
15	李君如	15	41	周新城	12
16	孟鑫	15	42	顾钰民	11
17	梅荣政	14	43	李兴耕	11
18	田心铭	14	44	刘春元	11
19	聂运麟	14	45	曲青山	11
20	王伟光	14	46	唐洲雁	11
21	张瑞	14	47	刘云山	11
22	陈金龙	13	48	吕楠	11
23	梁柱	13	49	卫兴华	11
24	秦宣	13	50	赵付科	11
25	余斌	13	51	徐元宫	11
26	宗寒	13	52	王怀超	11

1. 马克思主义基本原理、马克思主义发展史学科作者群

该学科作者群的代表人物有陈先达、靳辉明、庄福龄、杨春贵、袁贵仁、李慎明、许全兴、侯惠勤、吴晓明、李德顺、韩庆祥、赵家祥、王东等知名学者。

陈先达教授是中国人民大学一级教授，我国著名马克思主义理论家。陈先达教授对马克思主义基本原理的整体性研究体现在他对马克思主义具有普遍性的原理的深刻理解、阐释和应用上，思想深刻、令人信服。其代表作有《走向历史的深处》（上海人民出版社 1987 年版，被称作中国唯物史观研究的奠基之作）、《论马克思主义基本原理及其当代价值》（《马克思主义研究》2009 年第 3 期）等。

靳辉明主要从事马克思主义哲学史和科学社会主义的研究，他和李崇富主编的《马克思主义若干重大问题研究》（社会科学文献出版社 2011 年版）一书，结合当今新的时代特征和实践发展，主要探讨和阐述了马克思主义在当代所处的历史条件和面临的世界形势，着重研究和阐释了马克思主义的基本原理及其当代价值和意义，着力探讨科学社会主义在由理论变为实践的过程中遇到的历史课题。

作为我国马克思主义发展史学科的开创者之一，庄福龄教授主编了八卷本的《马克思主义哲学史》和四卷本的《马克思主义史》等著作。中国人民大学梁树发教授、张雷声教授致力于马克思主义原理的研究，在深化马克思主义基本原理研究等方面发挥了主要作用。

杨春贵是中共中央党校原副校长，主要从事马克思主义哲学、毛泽东哲学思想、中国特色社会主义理论体系的教学与研究。主要著作有《党的思想路线研究》、《认识与实践》、《谈谈新时期人民内部矛盾问题》等。

李慎明、侯惠勤主要从事马克思主义意识形态研究。李慎明的《居安思危——苏共亡党二十年的思考》（社会科学文献出版社 2011 年版）及其系列成果，侯惠勤的《马克思主义意识形态》（南京大学出版社 2011 年版）、《马克思的意识形态批判与当代中国》（中国社会科学出版社 2010 年版），在国内外产生了重大影响。

袁贵仁、李德顺主要从事价值论研究。袁贵仁的《价值学引论》（北京师范大学出版社 1991 年版）和李德顺的《价值论》（中国人民大学出版社 1987 年版），是国内这一领域研究的开拓性代表作。

　　韩庆祥是中共中央党校一级教授，国务院学位委员会马克思主义理论学科评议组成员，在马克思主义基本理论、马克思主义哲学、马克思主义人学、新一届中央领导集体治国理政思路方面具有较大学术影响，出版有《马克思主义中国化时代化大众化研究》、《思想的力量：新一届中央领导集体治国理政的基本思路》等学术著作。

2. 政治经济学学科作者群

　　政治经济学学科作者群以刘国光、卫兴华、周新城、顾海良、程恩富、张宇等学者为主要代表人物。他们在对马克思主义原理特别是政治经济学原理全面深刻认识、理解的基础上，运用这些基本原理解释和解决当代中国现实问题，产生了较大影响。

　　刘国光、卫兴华和周新城等在批判资本主义政治经济学和反思社会主义经济发展方面投入了大量的精力，在捍卫社会主义公有制和引导社会主义市场经济理论发展等问题上取得了大量成果。刘国光先后发表了《关于中国社会主义政治经济学的若干问题》（《政治经济学评论》2010 年第 4 期）、《关于社会主义初级阶段基本经济制度若干问题的思考》（《经济学动态》2011 年第 7 期）、《社会主义初级阶段的矛盾和本质特征》（《当代经济研究》2013 年第 2 期）等文章。卫兴华先后发表了《当前金融危机的特点与根源及应对思考》（《经济学动态》2009 年第 5 期）、《坚持和完善我国现阶段基本经济制度的理论和实践问题》（《马克思主义研究》2010 年第 10 期）、《坚持和完善中国特色社会主义经济制度》（《政治经济学评论》2012 年第 1 期）、《政治经济学中的几个理论问题辨析》（《学术月刊》2012 年第 11 期）、《科学认识社会主义经济的本质》（《政治经济学评论》2013 年第 1 期）等文章。周新城先后发表了《关于公有制为主体的若干基本理论问题的探讨》（《思想理论教育导刊》2011 年第 2 期）、《怎样理解生产资料所有制——兼谈关于公有制的几个认识问题》（《学习论坛》2013 年第 6 期）、《怎样理解"使市场在资源配置中起决定性作用"》（《思想理论教育导刊》2014 年第 1 期）、《怎样理解混合所有制》（《红旗文稿》2014 年第 7 期）等文章。程恩富的代表性文章有《政治经济学现代化的四个学术方向》（《学术月刊》2011 年第 7 期）、《社会主义共同富裕的理论解读与实践剖析》（《马克思主义研究》2012 年第 6 期）等。张宇的代表性文章有《全面深化经济体制改革若干重大问题的思考》（《红旗文稿》2013 年第 7 期）、《坚持马克思主义在我国经济理论和实践中的指导地位》（《红旗文稿》2013 年第 18 期）。

3. 马克思主义中国化学科作者群

中国社会科学院院长、党组书记王伟光长期从事马克思主义理论研究，近年发表了一系列文章，产生了很大的社会影响力。如《运用马克思主义立场、观点和方法，科学认识美国金融危机的本质和原因——重读〈资本论〉和〈帝国主义论〉》（《马克思主义研究》2009 年第 2 期）、《正确认识马克思主义中国化、时代化、大众化的科学内涵》（《中国特色社会主义研究》2010 年第 1 期）、《深入研究中国发展道路和发展经验丰富和发展马克思主义社会形态理论》（《中国社会科学》2011 年第 1 期）、《毛泽东是中国特色社会主义的伟大奠基者、探索者和先行者》（《中国社会科学》2013 年第 12 期）等。

马克思主义中国化学科作者群以陶德麟、王伟光、林尚立、田克勤等为代表。以陶德麟为首的武汉大学研究团队在这个领域成果突出，代表成果有《马克思主义哲学中国化：历史与反思》（北京师范大学出版社 2007 年版）、《对马克思主义中国化研究中两个问题的理解》（《中国社会科学》2009 年第 1 期）。

4. 国外马克思主义学科作者群

国外马克思主义学科作者群的代表人物有徐崇温、俞吾金、张一兵、陈学明、王雨辰、聂运麟、殷叙彝等。徐崇温是改革开放以来我国国外马克思主义研究的奠基人，对西方马克思主义哲学流派的研究和梳理工作具有重要意义，奠定了这一学科的基础。以俞吾金、陈学明为首的复旦大学国外马克思主义研究中心是教育部人文社会科学重点研究基地，创办了《当代国外领军人物马克思主义当代评论》刊物。以张一兵为首的南京大学国外马克思主义研究团队实力强劲。代表作有《西方马克思主义哲学的历史逻辑》（南京大学出版社 2003 年版）、《资本主义理解史》（江苏人文出版社 2009 年版）等。

5. 思想政治教育学科作者群

思想政治教育学科作者群的代表人物有梅荣政、张耀灿、刘建军、郑永廷、骆郁廷、黄蓉生、沈壮海等。张耀灿等的《现代思想政治教育学》（人民出版社 2001 年版），郑永廷的《思想政治教育方法论》（高等教育出版社 1999 年版），许启贤、刘建军的《中国共产党思想政治教育史》（中国人民大学出版社 2000 年版），顾海良的《高校思想政治理论课程建设研究》（经济科学出版社 2009 年版）等在学界有重要影响。中国人民大学刘建军作为中青年思想政治教育学科的领军人物，在拓展和创新学科方面发挥了重要作用，其"信仰"系列、"书简"系列丛书在中国青少年、高校大学生群体当中反响热烈。

6. 中国近现代史基本问题研究学科作者群

中国近现代史基本问题研究学科作者群代表人物有逄先知、沙健孙、张静如、石仲泉、金冲及、梁柱、武力等人。中央文献研究室逄先知、金冲及主编的《毛泽东传》，是国内研究和介绍毛泽东生平与思想的力作。北京师范大学张静如教授是当今党史研究领域的泰斗之一，培养了大批党史研究人才。北京大学梁柱教授等人近年来结合中国近现代历史，对历史虚无主义思潮的泛起、特点及其危害进行了研究，成为历史学界阻击历史虚无主义思潮的一面旗帜。

（三）作者所属机构分析

从马克思主义理论学科机构合作网络图（图 7）可知，中国社会科学院、中国人民大学、中共中央党校、中共中央编译局、华中师范大学、北京大学等机构的发文数量较多（表现为图 7 中机构节点较大，每个机构的具体发文数量参见表 37）。从机构间的合作紧密情况（表现为图 7 中机构间连线的粗细，连线越粗则合作越紧密）看，中国社会科学院与中国人民大学之间的合作最为密切，排在第二的是华中师范大学和武汉理工大学，排在第三的是北京大学和中国政法大学。

从合作倾向看，中国社会科学院除与中国人民大学紧密合作以外，还与中共中央党校、中国政法大学、上海财经大学、河南财经政法大学和中国地质大学有较为紧密的合作关系。中国人民大学与南京大学、江南大学、北京理工大学、北京师范大学、对外经济贸易大学，以及教育部的联系较为紧密。中共中央党校与中国社会科学院、北京大学、邢台学院、哈尔滨学院、厦门大学的联系较为紧密。中共中央编译局与中国人民大学、对外经济贸易大学、山东财经大学、湖南科技大学、河南大学、山东大学以及北京大学合作比较紧密。北京大学除与中国政法大学有紧密合作外，还与中共中央编译局、华中师范大学、中国石油大学和中共中央党校有良好的合作关系。华中师范大学除与北京大学合作较为紧密外，与山东大学、湖北民族学院、武汉大学、华中科技大学、武汉理工大学、武汉纺织大学和云南师范大学合作较多。

　　鉴于中国社会科学院、中国人民大学、中共中央党校、中共中央编译局、华中师范大学、北京大学本身的研究实力（发文量排前6名，参见表37）及这些机构与其他机构间的合作关系，下面对这6大机构进行重点分析。

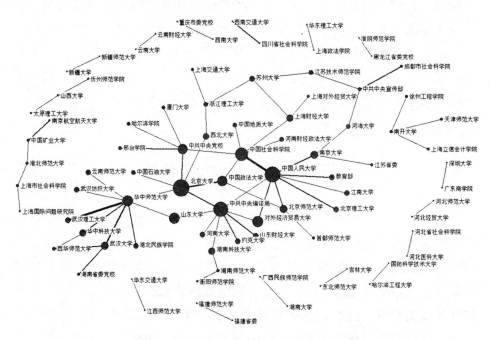

图7　马克思主义理论学科机构合作网络

1. 中国社会科学院

　　马克思主义理论学科中国社会科学院高发文作者如表50所示。在5位高产作者中，王伟光是中国社会科学院院长、党组书记，李慎明是中国社会科学院原副院长、党组副书记，徐崇温是中国社会科学院哲学研究所研究员、中国社会科学院荣誉学部委员。其余 2 人是中国社会科学院马克思主义研究院学者。

表 50　马克思主义理论学科中国社会科学院高发文作者（2009—2013 年）

序号	姓名	发文篇数
1	徐崇温	22
2	程恩富	16
3	李慎明	16
4	王伟光	14
5	辛向阳	14

中国社会科学院是中国马克思主义理论研究的重要阵地。该院马克思主义理论研究机构和研究力量主要由以下几个方面构成。

第一，马克思主义研究院，是经 2005 年 5 月 19 日中央政治局常委会议批准，于 2005 年 12 月 26 日在原马克思列宁主义毛泽东思想研究所的基础上重新组建的马克思主义专门研究机构。设有马克思主义哲学原理研究部、马克思主义中国化研究部、马克思主义发展研究部、国际共产主义运动研究部、国外马克思主义研究部五个研究部。编辑出版《马克思主义研究》、《马克思主义文摘》和《国际思想家评论》（英文刊）。

第二，中国社会科学院在六大学部相关研究所设立的马克思主义研究室。如中国社会科学院哲学研究所设有马克思主义原理研究室、马克思主义哲学史研究室，中国社会科学院政治学研究所设有马克思主义政治学理论研究室等。

第三，中国特色社会主义理论体系研究中心。该中心除自行承担部分研究、宣传工作外，日常工作主要依托全院，设有 25 名理事组成的理事会，并聘有 37 名特约研究员。中心以机动性、突击性工作为主，另每月编辑一期《理论研究动态》，每年编纂一卷《中国特色社会主义理论研究前沿报告》。在全国设有若干个调研基地。

第四，世界社会主义研究中心。编辑出版期刊《世界社会主义研究》、内参《世界社会主义动态》，编写、出版《世界社会主义研究丛书》、《世界社会主义黄皮书》、普及读物《世界社会主义小丛书》等一系列学术出版物，以举办专题学术研讨会等形式凝聚了一大批相关领域的专家学者，为推动这一学科的发展做出了突出的贡献。

2．中国人民大学

马克思主义理论学科中国人民大学高发文作者如表 51 所示。在以下 5 位高产作者中，周新城、秦宣和陶文昭是中国人民大学马克思主义学院教授，高放是中国人民大学国际关系学院教授，卫兴华是中国人民大学经济学院教授。

表 51　马克思主义理论学科中国人民大学高发文作者（2009—2013 年）

序号	姓名	发文篇数
1	高放	12
2	陶文昭	12
3	卫兴华	11
4	周新城	11
5	秦宣	10

中国人民大学马克思主义理论研究团队以哲学院和马克思主义学院为代表，被称为学界"酵母机"。哲学院主要以陈先达、郭湛教授为代表，马克思主义学院主要以许征帆、周新城、梁树发、张雷声、郝立新、张新、秦宣、刘建军等人为代表。中国人民大学马克思主义理论学科以马列主义发展史研究所为起点，发展到现在以哲学系马克思主义哲学学科和马克思主义学院马克思主义理论学科为依托，作为老牌的马克思主义的研究重镇，马克思主义理论学科前辈有萧前、李秀林、奚广庆、夏甄陶、刘佩弦等人。哲学系率先在国内成立了第一个政治哲学教研室，招收政治哲学方向博士生。中国人民大学出版的马克思主义哲学教科书、马克思主义发展史教科书依然是中国高校和各类重要考试的指定教材。

中国人民大学是国际共运史领域的传统重镇，有深厚的学术积累。中国人民大学在 1960 年成立政治系并于 1964 年改建为国际政治系后，国际共产主义运动史教研室是当时全系人数最多、力量最强的教学科研单位，在全国具有重要的学术地位和重大的学术影响。中国人民大学 1981 年获得国际共产主义运动、科学社会主义专业全国首批硕士学位授予权，两个专业分别于 1983 年和 1986 年获得博士学位授予权。学科设立之初，刘佩弦教授是学术带头人。目前中国人民大学的马克思主义学院和国际关系学院都有科学社会主义与国际共产主义运动的博士学位授予权。国际关系学院的世界社会主义研究所主要致力于世界社会主义的理论和实践研究，在国内具有很高的学术地位和重大的学术影响，为全国各高校培养了大批国际共运史方面的人才。

3．中共中央党校

马克思主义理论学科中共中央党校高发文作者如表52所示。胡为雄是中共中央党校哲学部教授、博士生导师，长期从事马克思哲学、毛泽东哲学、中国近现代史等研究。严书翰是中共中央党校原科学社会主义教研部主任、中央马克思主义理论研究和建设工程专家，长期从事社会主义理论研究。孟鑫是中共中央党校科学社会主义教研部教授，主要研究方向是马克思主义、科学社会主义与国际共运。赵曜是中共中央党校原科学社会主义教研部主任，主要从事马克思主义、科学社会主义的研究。李君如是中共中央党校原副校长。

表52　马克思主义理论学科中共中央党校高发文作者（2009—2013年）

序号	姓名	发文篇数
1	胡为雄	19
2	严书翰	16
3	李君如	13
4	孟鑫	13
5	赵曜	13

中共中央党校是科学社会主义这一学科的传统研究重镇。中国科学社会主义学会主办的理论刊物《科学社会主义》由中共中央党校科学社会主义教研部承办，通过定期举办社会主义理论前沿问题高层论坛、中国社会发展问题高端论坛和全国党校系统社科教学科研座谈会加强学术交流。

中共中央党校马克思主义理论教研部已成立五年多，该部的马克思主义理论研究注重意识形态、学术和现实，但更加注重"面向问题"的特色，着力研究面向"中国问题"的马克思主义。马克思主义理论教研部建部之初，就搭建了"一坛"、"一会"、"一丛"的学术平台。"一坛"，就是"中国特色社会主义论坛"；"一会"，就是"大有读书会"；"一丛"，就是《当代中国马克思主义论丛》。周为民、韩庆祥、刘海涛先后任马克思主义理论教研部主任。

中共中央党校中国特色社会主义理论体系研究中心连续多年组织专家参与由中共中央宣传部组织编写的《理论热点面对面》、《科学发展观学习读本》、《中国特色社会主义理论体系学习读本》等。为了深入开展理论研讨，拓宽理论传播的平台，研究中心以协调组织会议为抓手，组织了"纪念改革开放30周年理论研讨会"、"学习型党组织建设工作座谈会"等会议100余次，积极传播中共中央党校的理论声音。研究中心积极推动研究人员直面社会热点难点，鼓励研究人员写出有思想穿透力、有逻辑说服力、有现实针对性的理论文章。《中国特色社会主义是当代中国发展进步的根本方向》、《深入把握中国特色社会主义的科学内涵》、《新的历史性成就和经验启示》、《中国特色社会主义道路是唯一正确的道路》等重头文章在中央媒体刊发，发出了理论探索的时代强音。

4. 中共中央编译局

马克思主义理论学科中共中央编译局高发文作者如表 53 所示。李兴耕为中共中央编译局原副局长，金建为中共中央编译局马恩列斯著作编译部编辑，彭萍萍、吕楠分别是《当代世界与社会主义》编辑部主任、副主任，徐元宫是中共中央编译局世界发展战略研究部副研究员。

表 53   马克思主义理论学科中共中央编译局高发文作者（2009—2013 年）

序号	姓名	发文篇数
1	金建	10
2	李兴耕	10
3	吕楠	10
4	彭萍萍	10
5	徐元宫	10

中共中央编译局成立于 1953 年，拥有一大批翻译、研究、信息和编

辑人才，在马克思主义基本理论及其在当代的发展，世界社会主义运动的
历史和现状、理论和实践等方面的研究在国内处于领先地位。

中共中央编译局现有马恩列斯著作编译部、中央文献翻译部、马克思
主义研究部、世界发展战略研究部、马列主义文献信息部等 8 个直属部门
和 1 家出版社，主办《马克思主义与现实》、《当代世界与社会主义》、
《国外理论动态》、《经济社会体制比较》4 种期刊，主管中国马克思恩格
斯研究会和中国国际共运史学会等全国性学术团体。

近年来，中共中央编译局以中央实施的马克思主义理论研究和建设工
程为引领，以"马克思主义经典著作基本观点研究"等重点项目为导引，
大力推动马克思主义理论研究工作。在发挥自身拥有的经典著作编译和大
量文献典藏优势的基础上，中共中央编译局积极与全国高校、科研院所沟
通联系，组织和筹备多次全国马克思主义论坛；为体现马克思主义的实践
性，积极与国内外学术机构、中央国家机关、地方党委政府建立交流和合
作关系，不断为马克思主义理论研究提供实践给养。

在课题研究方面，中共中央编译局承担了中央、地方党政机关等委托
的多项重要课题，推出了一批有较高质量的研究成果，先后承担并完成国
家和地方社科基金课题等 100 多项，出版专著、编著、译著 200 多部，发
表了一大批有影响的学术文章。中共中央编译局正在承担国家重点资助出
版项目《国际共产主义运动历史文献》、《马克思主义研究资料》、《马克
思主义经典著作基本观点研究》和《马克思主义经典著作研究读本》等
丛书的编纂和编写工作。

针对世界社会主义和国外马克思主义领域出现的新情况、新问题，中
共中央编译局在原来积累的马克思主义基本理论研究、国外马克思主义研
究、世界社会主义和政党政治研究所取得的丰硕成果的基础上，有针对性
地开展了"世界社会主义跟踪研究"和"国外马克思主义跟踪研究"，及
时、全面地了解掌握世界社会主义和国外马克思主义发展的最新动态和最
新成果。

5. 华中师范大学

马克思主义理论学科华中师范大学高发文作者如表 54 所示。发文
10 篇以上的只有 2 位，扩大到 7 篇以上的有 5 位。聂运麟是华中师范大
学政治学研究院教授，主要从事科学社会主义与国际共产主义运动史的

研究。唐鸣是华中师范大学政治学研究院教授，主要从事科学社会主义与国际共产主义运动、民族理论与民族政策，以及村民自治与农村法制建设研究。

表54　马克思主义理论学科华中师范大学高发文作者（2009—2013年）

序号	姓名	发文篇数
1	聂运麟	14
2	唐鸣	12
3	陈伟东	8
4	胡宗山	7
5	赵长峰	7

华中师范大学马克思主义领域的研究力量分布在几个研究机构，除了马克思主义学院（政治传播学院）以外，还有历史文化学院的中国近代史研究所和中国近现代史教研室、政治学研究院的科学社会主义研究所。传统的优势学科为思想政治教育、科学社会主义与国际共产主义运动。

马克思主义学院的思想政治教育研究所汇聚了大批该学科的专业人才，组织编写了一批影响广泛的专业教材，是思想政治教育领域的传统重镇之一。张耀灿教授是思想政治教育学科的奠基人之一，他较早开始探讨建构思想政治教育学原理学科体系，其思想政治教育过程"四要素论"、"六要素论"为同行广泛认同，对思想政治教育的范畴、价值、环境等的研究成果影响较大；他还鲜明地提出了应推进思想政治教育方式的人学转换，提出思想政治教育的本源本质在于提升和优化人的生存、发展方式等观点。

科学社会主义与国际共产主义运动也是华中师范大学的传统优势学科。华中师范大学科学社会主义与国际共产主义运动学科是该学科全国最早的三家重点学科之一（另两家为北京大学、中共中央党校）。1978年，由高原教授发起，华中师范大学在全国率先成立科学社会主义教研室，并创办《社会主义研究》杂志。高原教授主编的《社会主义研究》杂志（原刊名《科学社会主义》）产生很大影响，是全国重要的社会主义研究专业刊物。学科代表性成果一个是李会滨教授主编的"社会主义建设的历史、理论与实践研究丛书"，该丛书共四部，分别从历史、理论和实践的角度对社会主义经济、政治、文化和执政党建设的历史经验进行总结，为社会主义在 21 世纪的发展提供借鉴；另一个代表性成果是聂运麟教授主编的"当代资本主义国家共产党研究丛书"。

历史学是华中师范大学的传统优势学科，学术积淀深厚，其中中国近现代史是国家重点学科，拥有中国近代史领域学术集刊《近代史学刊》。章开沅教授是我国著名历史学家，主要从事辛亥革命研究，兼及中国资产阶级、中国近代文化史研究，近年则致力于中外近代化比较研究，在研究中注意社会环境的剖析并形成自己的风格。他在辛亥革命史、中国资产阶级研究、中国商会史研究、中国教会大学史、南京大屠杀历史文献等研究领域都有开创性的学术贡献。

6. 北京大学

马克思主义理论学科北京大学高发文作者如表 55 所示。黄枬森教授是马克思主义研究界的著名学者，在马克思主义基本原理和马克思主义发展史研究领域卓有建树。梁柱是北京大学原副校长，毛泽东研究的著名专家。孔寒冰为北京大学国际关系学院教授，主要从事世界社会主义的理论与实践、中东欧国家政治和外交、中苏（中俄）关系等方面的教学与研究工作。赵家祥是北京大学哲学系教授，主要从事唯物史观研究。郭建宁是北京大学马克思主义学院教授，主要从事现当代中国哲学与文化、马克思主义中国化研究。

表 55　马克思主义理论学科北京大学高发文作者（2009—2013 年）

序号	姓名	发文篇数
1	梁柱	11
2	孔寒冰	9
3	赵家祥	9
4	郭建宁	9
5	黄枬森	8

北京大学马克思主义学院成立于 1992 年，是全国最早成立的马克思主义学院。学院历史源远流长，最早可以追溯到五四时期。1918 年，李大钊、高一涵等在北京大学组织了我国最早的马克思主义研究团体，名为"马客士主义研究会"；1920 年，在李大钊的带领下，又秘密发起成立"北京大学马克思学说研究会"。全国解放后成立的"新民主主义论教学委员会"可以认为是北京大学马克思主义学院的前身。学术集刊《北京大学马克思主义研究》是北京大学马克思主义学院传播和研究马克思主义的重要刊物。该刊创立于 2011 年，其宗旨是通过马克思主义的基本原理、方法论探讨马克思主义经典问题，回应现实热点问题，在争鸣和交锋中实现对马克思主义、社会主义的坚守和发展。

除北京大学马克思主义学院外，经济学院、哲学系等院系也是北京大学马克思主义研究与传播的重要阵地。经济学院有着悠久的马克思主义研究历史。陈岱孙、胡代光教授的名著《从古典经济学派到马克思》、《当代资产阶级经济学主要流派》成为马克思主义经济学研究的传世经典。著名学者吴树青、晏智杰、刘伟教授的研究有一定的代表性。

北京大学哲学系在中国马克思主义理论学科创建、人才培养等方面贡献突出。黄枬森教授开创了马克思主义人学研究学派，王东教授"以马解马"的治学方法在当代解读马克思主义经典方面也自成一家，赵家祥、丰子义教授的唯物史观研究颇具学术影响力。

北京大学的科学社会主义和国际共产主义运动的研究也有较长的历史，1980 年成立的"马列主义研究所"即是科学社会主义理论方面的科研机构。这一学科研究团队目前同样分布在马克思主义学院和国际关系学院的世界社会主义研究所，世界社会主义研究所的主要研究方向为西欧、俄罗斯和东欧的社会政治和社会主义问题。

除前面提及的机构外，中共中央党史研究室、上海社会科学院、复旦大学、武汉大学、北京师范大学、南开大学、山东大学、清华大学、南京师范大学、南京大学等，在马克思主义理论研究方面各有特色。需要强调的是，统计的 920 家机构总发文数量为 14955 篇，发文量在 10 篇以下的机构有 693 家，占发文机构的 75%，其总发文数量为 1814 篇，占全部总发文量的 12%。即 25% 的机构发表了 88% 的文章，75% 的机构发表了 12% 的文章。这说明，发文的两极化比较明显，学术资源相对集中于少数科研机构和高校，大量的研究机构实力薄弱，难以形成具有一定实力的学术团队。

（四）军队系统作者分析

　　鉴于军队系统在本学科中的重要地位，本节单独介绍军队系统作者的发文情况，同时简要反映军队系统在人文社会科学领域的整体研究情况。从表56可以看出，政治学是军队系统的优势学科，在图书馆、情报与档案学及教育学两个学科，军队系统也有很强的研究实力。马克思主义理论学科发表的论文数量列第9位。军队在各学科的发文情况虽然可从一定程度上反映军队在各学科的研究实力，但必须注意的是，由于军队系统的特殊性，军队系统有较多研究成果具有一定保密性，不公开发表。

表56　　　军队在人文社会科学23个学科发文情况（2009—2013年）

序号	学科	发文量	序号	学科	发文量
1	政治学	3317	13	哲学	123
2	综合性人文社会科学	1562	14	民族学与文化学	69
3	图书馆、情报与档案学	992	15	环境科学	69
4	教育学	971	16	文学	65
5	历史学	527	17	人文地理学	64
6	经济学	469	18	法学	61
7	语言学	449	19	统计学	44
8	新闻学与传播学	409	20	艺术学	31
9	马克思主义理论	360	21	考古学	27
10	心理学	218	22	社会学	16
11	管理学	151	23	宗教学	3
12	体育学	140			

　　在人文社会科学领域，军队系统发表论文数量最多的10个期刊如表57所示。从该表可知，军队主办的期刊是军队系统的主要发文载体，如《军队政工理论研究》、《南京政治学院学报》等。值得注意的是，《求是》是马克思主义理论学科中发表军队学者论文最多的期刊。

表 57　　军队机构在人文社会科学期刊中的发文情况（2009—2013 年）

序号	期刊	发文量
1	军队政工理论研究	1689
2	南京政治学院学报	784
3	继续教育	702
4	军事历史研究	457
5	社科纵横	381
6	解放军外国语学院学报	207
7	求是	188
8	中国科技期刊研究	184
9	中国卫生经济	183
10	现代情报	156

在人文社会科学领域，军队系统主要发文机构如表 58 所示。

表 58　　　　人文社会科学高发文军队机构情况（2009—2013 年）

序号	机构	发文量
1	南京政治学院	1664
2	国防科学技术大学	666
3	解放军外国语学院	448
4	国防大学	387
5	空军工程大学	327
6	第二军医大学	314
7	解放军国际关系学院	253
8	第三军医大学	244
9	西安政治学院	230
10	武装警察部队学院；	222

中国人民解放军南京政治学院在军队人文社会科学领域的地位非常突出，被称为"军中北大"。学院主要承担着为全军培养政治指挥干部、政治机关干部、政治工作专门人才的任务，承担着政工人才培养、政治理论

创新、为部队建设服务、为军委总部决策咨询服务的职能。学院由南京院本部和上海分院两部分组成，拥有两个博士后科研流动站、12 个博士学位授予点和 24 个硕士学位授予点。军队政治理论教育一系是全军唯一培养哲学、伦理学、中国共产党党史、军事历史学专门人才的专业系，也是全军院校从事哲学、伦理学、中国近现代史、党的创新理论等学科教学的现职教员的进修基地，有马克思主义哲学、军事思想与军事历史、马克思主义理论 3 个专业 5 个博士学位授予点，还有和兄弟系共同指导的政治学博士后流动站。军队政治理论教育二系是全军经济学、政治学、国际关系学等专门人才的培养基地，也是全军马克思主义理论、经济学、政治学、科学社会主义与国际共产主义运动、国际关系学、军事法学与法律等学科专业现职教研人员和部队各级军官的培训和进修基地，有马克思主义基本原理、马克思主义中国化、国外马克思主义、马克思主义发展史、思想政治教育 5 个博士生专业。学院办有《南京政治学院学报》、《军队政工理论研究》和《军事历史研究》3 个学术刊物，2010 年以来学院以"南振声"笔名在《人民日报》、《解放军报》、《求是》等中央级报刊推出 59 篇重点理论研究文章。

从表 59 可知，国防大学是马克思主义理论学科研究实力最强的军队机构。国防大学中国特色社会主义理论体系研究中心 100 余项国家和军队级研究成果中 7 项获得全国"五个一工程奖"；4 次荣立二等功、5 次荣立三等功、6 次被评为全国和全军"先进党组织"。2013 年初，黄宏、章传家被列入中共中央宣传部《学习理论文库·理论家自选集》第 11 批出版计划。全军 7 名出版个人自选集的，有 6 名是研究中心成员。

表 59 人文社会科学 23 个学科发文最多的军队机构情况（2009—2013 年）

序号	学科	发文最多的机构	序号	学科	发文最多的机构
1	政治学	南京政治学院	13	文学	解放军外国语学院
2	语言学	解放军外国语学院	14	体育学	军事体育进修学院
3	历史学	南京政治学院	15	环境科学	装甲兵工程学院
4	综合性人文社会科学	空军工程大学	16	考古学	解放军理工大学
5	图书馆、情报与档案学	南京政治学院	17	人文地理学	空军航空大学

续表

序号	学科	发文最多的机构	序号	学科	发文最多的机构
6	教育学	装备学院	18	法学	武装警察部队学院
7	经济学	第二军医大学	19	艺术学	解放军艺术学院
8	新闻学与传播学	第三军医大学	20	统计学	第二军医大学
9	哲学	国防科学技术大学	21	民族学与文化学	南京政治学院
10	马克思主义	国防大学	22	社会学	第三军医大学
11	心理学	第四军医大学	23	宗教学	海军陆战学院、军事经济学院、西安通信学院①
12	管理学	国防科学技术大学			

从表 60 可以看出，在人文社会科学领域，军队中发文最多的 10 个作者中，有 6 位来自南京政治学院，其中南京政治学院的唐志龙发文最多，在 2009—2013 年间发表了 26 篇论文；列第二位的是解放军理工大学的陶德臣，发表了 23 篇论文。

表 60   人文社会科学军队高发文作者情况（2009—2013 年）

序号	机构	作者	发文量
1	南京政治学院	唐志龙	26
2	解放军理工大学	陶德臣	23
3	南京政治学院	孙力	21
4	南京政治学院	杜人淮	19
5	第三军医大学	冷怀明	19
6	国防大学	季明	18
7	南京政治学院	王兰成	17
8	武装警察部队学院	兰月新	16
9	南京政治学院	王松林	16
10	南京政治学院	徐军	16

---

① 军队机构在宗教学领域共发表了 3 篇论文，分别由海军陆战学院、军事经济学院和西安通信学院发表。

四

马克思主义理论学科期刊关注热点分析

学术热点不仅是学术期刊不能忽视的基本要素，更是学术期刊存在和发展的基础性支撑。一家学术期刊如果无视学术热点，就失去了自身存在的根据，更谈不上办刊质量和水平。因此，能否及时关注、准确把握和精心安排学术热点，是评价和判断学术期刊办刊质量和水平的一个重要标尺。

关键词可以作为一个重要的参考要素参与构建学术期刊关注热点分析的基本框架。任何一篇学术论文都有其核心概念和基本范畴。相互之间存在有机联系的若干概念或范畴，不仅可以大体反映该论文研究的问题指向和写作思路，而且可以大体揭示该论文的核心观点和学术价值。这些概念或范畴一般以关键词的形式标识在学术论文的基本框架之中。一般说来，如果某一时间段某一类学科期刊发表的学术论文中某几个关键词出现频度最高，就可以将之判断为这一时间段某类学科期刊关注的热点。① 就此而言，关键词与学术热点之间呈现出的这种一致性，为通过关键词的定量分析讨论某类学科期刊关注热点提供了关键根据。

关键词的量化分析，作为学术期刊关注热点研究的一个基础手段，为学术期刊关注热点的分析提供了一个崭新的思路。当然，全面深入地开展

---

① 在关键词共现频次图谱分析中，某个关键词所标识的圆圈越大，说明该关键词出现的频次就越高。关键词的中心性较强，说明该词在相关领域中的中介桥梁作用显著。关键词的中心性值越大，通过该关键词展开的研究就越丰富，该关键词在相关研究网络中具有的控制力和影响力也就越强。参见房宏君：《基于 CSSCI 的人力资源研究可视化分析》，《科技进步与对策》2012 年第 10 期。

学科期刊关注热点的研究，除了借助定量分析，还需要深入学科期刊之中，实现定性分析与定量分析的统一、形式分析与内容分析的统一。

讨论马克思主义理论学科期刊关注热点的问题，首先需要对于马克思主义理论研究热点有准确而深刻的认识和把握。这一认识和把握，既要注意该学科与其他学科在热点生成上相一致的一面，也要注意该学科所蕴含的特殊性一面。马克思主义的研究不是封闭的、脱离现实的书斋中的学问，和其他人文社会科学学科比较而言，马克思主义理论学科具有非常突出而鲜明的意识形态性和实践性，正是这一特殊性与该学科热点的形成构成深刻的关联，决定了该学科热点形成的逻辑和特征。

马克思主义理论学科期刊关注热点的研究不同于马克思主义理论学科学术热点的研究，两者最大的区别在于研究视角的不同。前者主要是思考和评价马克思主义理论学科期刊对于学术热点的把握和处理，而不是对在马克思主义理论学术热点问题上的不同观点进行学术梳理和分析。前者重在评刊，而后者重在评文。两者虽然不同，但不是相互脱离的，而是相互统一的。马克思主义理论学科期刊关注热点研究的拓展和深化，离不开马克思主义理论学科学术热点的研究；马克思主义理论学科学术热点的研究，也离不开对作为马克思主义理论学科研究成果主要载体的期刊关注热点的把握。

马克思主义理论学科期刊关注热点的生成，大体上有以下几种类型：第一，党的理论创新成果的提出和国内外重大事件的发生，一般会迅速成为马克思主义理论学科期刊关注的热点。第二，马克思主义理论学科期刊见微知著，及时发现本学科前沿问题并依托期刊平台自觉培育，引导和推动该问题的深入讨论，促成热点的形成。一旦能够做到这一点，就表明该期刊业已拥有锐利的学术眼光和较高的学术水平。第三，学者对于某个重大理论和现实前沿问题的思考，在学术期刊发表后引起马克思主义理论界的广泛关注，推动马克思主义理论学科期刊提升对该问题的关注程度。总体上，马克思主义理论学科期刊研究热点的生成，以第一种类型为主；并且后两种类型一般会受到第一种类型的影响和作用，由此构成马克思主义理论学科研究热点生成的典型特征。马克思主义理论学科期刊关注热点的生成之所以显示出上述特征，主要是由马克思主义理论学科的基本特性所决定的。换言之，正是马克思主义理论学科的基本特性决定了马克思主义理论学科期刊关注热点的基本特点。当然，由于研究成果的发表具有一定

的滞后性，有的研究热点在次年中才能得到体现，对于这一点，读者自己
会很容易作出正确的判断。

基于 2009—2013 年马克思主义理论学科期刊关键词的量化分析，高
频关键词与马克思主义理论学科期刊关注热点呈现出一定的一致性，但并
不十分突出。关键词与学科期刊关注热点的一致性，必须建立在关键词准
确性的基础之上，这就要求关键词的提炼必须与论文研究重心的把握高度
一致。马克思主义理论学科期刊之所以出现这种情况，主要与该学科期刊
关键词使用中存在的一系列问题有关：一是有的马克思主义理论学科期刊
发表的论文在关键词的设置上比较随意，一些关键词的选取并没有准确反
映论文所指向的核心问题或论文的基本论点。二是有的关键词抽象性和概
括性太强，只是片面追求形式的规范性，而不够精确和具体。究其原因，
其中既有作者随意性的因素，也有编者不严谨的因素。对于从事马克思主
义理论研究的学者来说，正确理解和运用关键词是从事学术研究的一项基
本功；对于马克思主义理论学科期刊编辑来说，对关键词加以推敲和提炼
是从事编辑工作的一项基本功。三是个别马克思主义理论学科期刊发表的
论文中关键词要素缺失。《求是》杂志作为马克思主义理论学科期刊的顶
级杂志，由于自身的特殊性，在发文时没有考虑内容提要、关键词和参考
文献等学术论文的规范性要素。

关于马克思主义理论学科期刊关注热点的话语表述，大体有以下两种
形式和情况。一是直接由单个关键词作出标识，其他若干关键词虽然与之
联系，但以作为热点表达的该关键词为中心。应该说，这种形式是学科期
刊中学术热点表达的一般形式。二是基于多个关键词之间的相互联系，生
成热点表述的新的概念或范畴。这一般发生在多个关键词之间不存在中心
与外围关系的情况下。与前一种相比，后一种学术热点的判断和把握难度
要大。上述两种形式在对 2009—2013 年马克思主义理论学科期刊关注热
点的分析中都有反映。

（一）期刊关注热点整体性分析

基于 2009—2013 年各年度马克思主义理论学科关键词共现图谱（图
14—18）、2009—2013 年马克思主义理论学科高频关键词权重统计表（表
61），以及马克思主义理论学科研究热点的经验分析，本报告将中国特色

表61　2009—2013年马克思主义理论学科高频关键词权重统计表

序号	2009年		2010年		2011年		2012年		2013年	
	关键词	权重	关键词	权重	关键词	权重	关键词	权重	关键词	权重
1	马克思主义	53.13	马克思主义	64.53	中国共产党	68.88	中国共产党	40.27	毛泽东	52.03
2	毛泽东	39.29	毛泽东	45.45	马克思主义	67.72	马克思主义	37.79	马克思主义	51.53
3	科学发展观	34.86	社会主义	45.45	毛泽东	56.63	中国特色社会主义	31.29	马克思	38.02
4	马克思	33.20	马克思	39.84	马克思	38.53	科学发展观	30.36	中国特色社会主义	37.52
5	中国共产党	30.99	中国共产党	28.62	社会主义	33.86	社会主义	20.45	思想政治教育	32.02
6	社会主义	30.44	马克思主义中国化	26.37	马克思主义中国化	28.60	思想政治教育	19.83	社会主义	28.51
7	中国特色社会主义	29.33	中国特色社会主义	24.13	中国特色社会主义	25.69	马克思主义中国化	19.83	中国共产党	26.51
8	改革开放	28.78	科学发展观	23.57	科学发展观	19.85	改革开放	19.52	中国梦	24.01
9	马克思主义中国化	23.80	列宁	18.52	意识形态	15.18				
10	和谐社会	19.37	意识形态	17.96	邓小平	14.59				
11	金融危机	17.71	大众化	15.71	列宁	14.01				
12	中国特色社会主义理论体系	14.94	资本主义	14.59	中国化	14.01				
13	邓小平	14.39	恩格斯	13.47	恩格斯	13.43				
14	生态文明	13.84	金融危机	12.35	资本主义	12.84				
15	以人为本	13.28	中国化	12.35	社会主义核心价值体系	11.09				

社会主义、科学发展观、金融危机、生态文明和社会主义核心价值观列为2009—2013 年 5 年间马克思主义理论学科研究热点。这一点突出反映了马克思主义理论学科由于研究的政治性、现实性都比较强，其研究热点主要由党的重大理论创新与国际国内重大事件所推动而形成。从 2013 年起，中国梦的研究迅速升温，更有力地证明了这一逻辑。需要说明的是，2009—2013 年 5 年间持续关注的热点问题，也大都体现在 2009—2013 年各年度马克思主义理论学科期刊关注的热点之中，只不过没有作为马克思主义理论学科年度关注热点的分析重点而已。

1. 中国特色社会主义

中国特色社会主义凝聚了改革开放以来中国共产党人对于社会主义的新认识，是新时期党和国家全部工作的主题。作为改革开放新时期的最高范畴，中国特色社会主义一直都是马克思主义理论学科期刊关注的热点问题。

基于 2009—2013 年中国特色社会主义关键词变化曲线图（图 8）和 2009—2013 年马克思主义理论学科期刊 5 个热点关键词变化曲线图（图 9），马克思主义理论学科期刊对于中国特色社会主义研究的表达呈现出三个鲜明特点：第一，与其他 4 个热点关键词相比，"中国特色社会主义"关键词居首位，这说明关于中国特色社会主义的问题是 2009—2013 年 5 年间马克思主义理论学科期刊关注热点中的焦点①，直观彰显了中国特色社会主义作为当代中国最大论题的地位和意义。第二，"中国特色社会主义研究"除在 2010 年和 2011 年这两年关注热度略微下降外，2012 年出现 2009—2013 年 5 年间的最高点。之所以出现这一变化，与党的十八大将坚持和发展中国特色社会主义作为大会主题直接相关。第三，在经历 2012 年的波峰后，马克思主义理论学科期刊对于中国特色社会主义论题的关注在 2013 年出现和 2009 年大体一致的热度，这一方面说明马克思主义理论学科期刊对于中国特色社会主义的关注始终处于稳定高位的态势，另一方面也标识出马克思主义理论界关于中国特色社会主义研究的常规热度。

---

① 据不完全统计，关涉中国特色社会主义的论题，《科学社会主义》2009—2013 年共计发稿 157 篇，《中国特色社会主义研究》发稿 124 篇，《马克思主义研究》104 篇，《求是》81 篇。

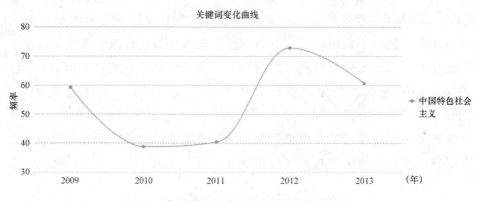

图8　中国特色社会主义关键词变化曲线

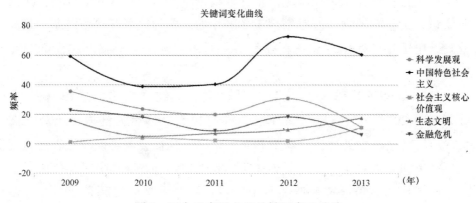

图9　五个马克思主义关键词变化曲线

　　基于对 2009—2013 年各年度马克思主义理论学科关键词图谱的观察，中国特色、科学社会主义、中国特色社会主义道路、中国特色社会主义理论体系、中国特色社会主义事业、唯物史观、马克思主义中国化、世界社会主义和毛泽东思想等关键词与中国特色社会主义的研究直接相关。概括而言，5 年间马克思主义理论学科期刊关注的中国特色社会主义研究主要论题有以下几个方面：

　　一是关于中国特色社会主义的整体性阐释。作为当代中国的最大论题，中国特色社会主义论域宽阔，马克思主义理论学科宏大叙事的研究传统由此获得充分施展的空间。世界社会主义、历史逻辑、中国特色社会主义事业、历史地位和当代价值等关键词都指向这一论述层面，涉及中国特色社会主义之于世界社会主义的意义、中国特色社会主义的历史逻辑与重大意义等具体论题的研究。如冷溶在《中国特色社会主义是当代中国发展进步的根本方向》（《人民日报》2012 年 11 月 26 日）一文中指出，"中国特色社会主义是当代中国发展进步的根本方向"，这个重要论断内涵非常丰富，是历史、现实和未来告诉我们的一个根本道理。它的关键点，就在于坚持把马克思主义基本原理同中国实际和时代特征结合起来，走自己的路。赵曜在《高举中国特色社会主义伟大旗帜的科学内涵和重大意义》（《毛泽东邓小平理论研究》2012 年第 2 期）一文中指出，旗帜统领道路、理论体系和制度。在当代中国，高举中国特色社会主义伟大旗帜，就意味着和体现为坚持和拓展中国特色社会主义道路，坚持和发展中国特色社会主义理论体系，坚持和完善中国特色社会主义制度。赵剑英在《论中国特色社会主义的独特价值和伟大意义》（《马克思主义研究》2013 年第 9 期）一文中认为，从马克思主义社会形态理论的分析视角看，中国特色社会主义的道路、理论体系和制度三者统一构成中国特色社会主义社会形态，它已基本定型但还未完全定型。其他代表性论文还有韩庆祥的《中国特色社会主义的独特优势——坚定道路自信、理论自信、制度自信》（《中国社会科学》2013 年第 1 期）、《中国特色社会主义建设实践的内在逻辑与发展趋向》（《中国社会科学》2012 年第 3 期），黄志斌的《生产力、生产关系与中国特色社会主义》（《哲学研究》2013 年第 2 期），郭建宁的《继续做好中国特色社会主义这篇大文章》（《中国特色社会主义研究》2013 年第 2 期）等。

二是围绕中国特色社会主义道路、理论体系和制度三个维度的具体论述。第一，关于中国特色社会主义道路的研究。时代特征、中国特色、社会主义、党的领导和新自由主义等关键词指向这一具体论题，涉及中国道路的探索历程、基本特征和社会属性的研究。代表性成果有徐崇温的《中国特色社会主义道路是人类文明史上的伟大创举》（《马克思主义研究》2012 年第 4 期）、辛向阳的《中国特色社会主义道路的四大优势》（《中国特色社会主义研究》2013 年第 5 期）和中共中央文献研究室的《中国道路——中国共产党的思想历程》（《党的文献》2012 年第 4 期）等。第二，关于中国特色社会主义理论体系的研究。毛泽东思想、"三个代表"重要思想、科学发展观、马克思主义哲学、中国道路和马克思主义大众化等关键词与这一论题关联，涉及关于中国特色社会主义理论体系与毛泽东思想的关系、中国特色社会主义理论体系与马克思主义关系的研

究。代表性论文有张雷声的《马克思主义与中国特色社会主义理论体系》
(《马克思主义研究》2009 年第 2 期),周宏、董岗彪的《马克思主义经
典与中国特色社会主义理论体系》(《马克思主义研究》2009 年第 1 期)
等。第三,关于中国特色社会主义制度的研究。作为中国特色社会主义更
为具体的展开,制度自信、制度建设、基本经济制度等关键词反映了研究
的基本视角。代表性论文有秦宣的《中国特色社会主义制度的多层次解
读》(《教学与研究》2013 年第 1 期),任平、王建明的《论差异性社会
与中国特色社会主义民主政治的未来》(《马克思主义研究》2010 年第 5
期)等。①

　　学术界关于中国特色社会主义的认知和解读还存在一定程度的歧义,
有待澄清和阐明。诸如中国特色社会主义与科学社会主义、民主社会主
义、社会主义和资本主义的关系等论题,冷溶的《历史的基本结论和新
道路的最高范畴——对邓小平同志提出"建设有中国特色的社会主义"
重大命题的一点认识》(《光明日报》2012 年 10 月 9 日)、徐崇温的《如
何认识民主社会主义》(《毛泽东邓小平理论研究》2010 年第 4 期)和蒋
锐的《中国特色社会主义与民主社会主义》(《当代世界社会主义问题》
2012 年第 4 期)等论文虽然已经作出了比较深入的思考和回答,但随着
实践的逐步深入,基于理论与实践的统一,这些论题仍然有待进一步作出
科学的阐释和说明。

　　更为重要的问题还在于,中国特色社会主义的研究大多停留在阐释性
的层面上。有两篇具有强烈的现实关怀和问题意识的论文,值得标识出来
赋予马克思主义理论学科期刊以方向的提示。陈学明的《建设中国特色
社会主义如何贯彻以人为本的原则》(《毛泽东邓小平理论研究》2010 年
第 9 期)一文把以人为本作为建设中国特色社会主义的一个基本原则提
出来,有着强烈的现实针对性。李海青的《深化中国特色社会主义理论
研究的三个问题》(《中国特色社会主义研究》2012 年第 5 期)一文提出
了三个重大现实问题,具有"真问题"的意义。② 进一步而言,马克思主

---

　　①　任平等认为,"差异性社会"是贯穿整个中国特色社会主义全过程的基本国情,因而是
我国民主政治建设最真实的社会基础和逻辑起点。

　　②　李海青认为,中国特色社会主义理论在未来的发展与完善中,还应对党的领导和人民当
家做主的关系问题作出更为系统完善的分析与阐释,对社会主义与市场经济的关系问题作出更为
透彻清晰的分析与说明,对以经济建设为中心和以人为本的关系问题作出更为科学合理的论述。

义理论学科期刊刊发的关涉中国特色社会主义的研究论文在数量与质量之间并没有呈现出显著的正相关的关系，低水平重复的论文并不鲜见，其中原因固然很多，但马克思主义理论学科期刊在学术评价上的责任感不足恐怕是一个重要原因，如果只是主要依靠和等待学者的自觉，这是一种消极无为的态度和做法。在这个大变革的时代，马克思主义理论学科期刊只有怀着强烈的责任感和使命感，以更加积极的姿态关注中国特色社会主义重大理论和现实问题，挖掘、深耕和精心培育关于中国特色社会主义的问题讨论空间，有所作为，才能有力推动马克思主义理论研究的深入开展，才能更好地承担思想与现实相互靠近的学术使命。

2. 科学发展观

科学发展观是改革开放以来继邓小平理论、"三个代表"重要思想之后中国共产党又一重大理论创新成果。党的十八大报告指出，科学发展观同马克思列宁主义、毛泽东思想、邓小平理论、"三个代表"重要思想一道，是党必须长期坚持的指导思想。科学发展观之所以成为5年间马克思主义理论学科期刊关注的热点，是与其作为党的十六大以来党中央理论创新成果的集中表达分不开的。

从2009—2013年科学发展观关键词变化曲线图（图10）和2009—2013年马克思主义理论学科期刊5个热点关键词变化曲线图（图9）中可以发现，马克思主义理论学科期刊对于科学发展观研究的关注呈现出以下几个特点：第一，与其他4个热点关键词相比，科学发展观关键词位居第二，仅次于中国特色社会主义，这说明从党的十六大到十八大期间，和改革开放以来其他理论创新成果相比，科学发展观备受关注。第二，5年间马克思主义理论学科期刊对于科学发展观研究的关注和反映整体上呈现逐步下降的趋势，2009年为最高点，2013年为最低点，这从一个侧面反映了马克思主义理论界研究热度的变化趋势。第三，马克思主义理论学科期刊对于科学发展观研究的关注，在2012年党的十八大召开这一年出现一定程度反弹的迹象，但之后热度再次下滑，2013年出现了5年间的最低点。这一变化说明，党的十八大以后，马克思主义理论学科期刊已经将关注重点转向了十八大精神的宣传与研究。

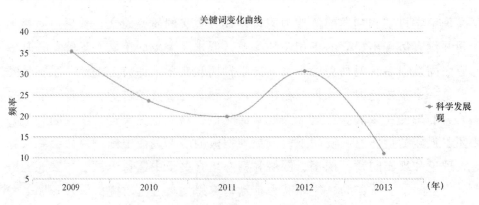

图10　科学发展观关键词变化曲线

自 2003 年科学发展观提出到 2012 年党的十八大召开，党中央关于科学发展观的阐释与马克思主义理论界的研究同步，大体上可划分为两个阶段：从科学发展观的提出到党的十七大召开为第一阶段，党的十七大以来到党的十八大召开为第二阶段。在 2009—2013 年马克思主义理论学科期刊年度关键词图谱中，以人为本、人的全面发展、和谐社会、社会建设、公平正义、理论创新、生态文明、毛泽东思想、邓小平理论、"三个代表"重要思想、中国特色社会主义理论体系和马克思主义中国化等关键词与科学发展观的研究和讨论有关，反映出这一论题研究的深化和进展。

一是注重科学发展观的历史地位和重大意义的研究。毛泽东思想、邓小平理论、"三个代表"重要思想、中国特色社会主义理论体系、马克思主义中国化和理论创新等关键词，涉及科学发展观历史地位和指导意义的讨论。中国道路等关键词与科学发展观的连接显露出从中国道路的高度论述科学发展观的重大意义的研究视角，反映了马克思主义理论界在科学发展观研究上的深化。如王伟光在《全面理解、深入实践科学发展观》（《马克思主义研究》2009 年第 1 期）一文中指出，科学发展观是马克思主义中国化的最新成果，是中国特色社会主义理论体系的最新成果。这一双重定位，既阐明了科学发展观在中国特色社会主义理论体系中的地位，又阐明了科学发展观在马克思主义中国化发展史上的地位。徐崇温在《科学发展观推进了人类发展理论的创新发展》（《毛泽东邓小平理论研究》2010 年第 1 期）一文中认为，科学发展观继承和发展了马克思主义关于发展的理论，借鉴和超越了当代西方的新发展观，有力地推进了人类发展理论的创新发展。其他代表性论文有庞元正的《从全人类的高度认识科学发展问题——论科学发展观提出的国际背景》（《毛泽东邓小平理论研究》2012 年第 1 期）、雷云的《论党的指导思想的与时俱进——兼论科学发展观的重大理论价值和指导意义》（《马克思主义研究》2013 年第 1 期）和张国祚的《科学发展观：激荡在神州大地上的中国智慧》（《红旗文稿》2013 年第 1 期）等。

二是注重科学发展观理论基础和新发展的研究。围绕党的重大理论创新，始终抓住原理和现实两头进行深入阐释和解读，既是马克思主义研究的一个基本路径，也是马克思主义理论学科期刊占领制高点的一个重要经验。以人为本、人的全面发展、和谐社会、社会建设、生态文明和公平正义等关键词，指向科学发展观的理论根据、基本内涵与实践要求的新阐发。在科学发展观理论基础研究方面，代表性成果有吴晓明的《论科学发展观的理论依据与实践基础》（《毛泽东邓小平理论研究》2013 年第 6 期）、刘同舫的《科学发展观的科学性》（《毛泽东邓小平理论研究》2011 年第 6 期）、冯刚的《科学发展观的理论蕴涵》（《高校理论战线》2009 年第 4 期）、王传利的《资本逻辑与科技社会功能的发挥——兼论和谐社会的制度基础》（《马克思主义研究》2010 年第 5 期）。在科学发展观新认识新观点新要求的提炼方面，代表性成果有严书翰的《党的十七大以来科学发展观的新发展研究》（《毛泽东邓小平理论研究》2011 年第 4 期）、贾建芳的《党的十七大以来科学发展观的新发展》（《中国特色社会主义研究》2012 年第 5 期）和祝黄河的《生态文明建设：十七大以来科学发展观新发展的重要内容》（《中国特色社会主义研究》2012 年第 2 期）等。

三是注重科学发展观实践问题的反思和科学发展观研究方法论的思考。《求是》2010 年第 22 期发表邢贲思的《正确处理新时期人民内部矛盾》一文，该文鲜明地提出了科学发展观实践中的问题，说明了贯彻落实科学发展观的必要性、长期性和复杂性，也凸显了加强科学发展观指导意义研究和宣传的重要性和紧迫性。《中国特色社会主义研究》2012 年第 4 期发表了孙代尧的《科学地研究科学发展观》一文，强调必须把科学发展观作为科学来研究。以上两例说明，科学发展观的实践性和科学性成为关注点，具体说明了马克思主义理论学科期刊在深化科学发展观研究方面的进展。

诸如对科学发展观的理论基础、实践基础、基本属性、伦理思想、人学思想、执政意识的研究，对科学发展观视域下的文化建设、思想政治教育创新、包容性增长的研究，以及对科学发展观与马克思主义时代化、体制机制创新、思维方式变革、公平正义、民生导向的研究等，说明马克思主义理论学科期刊注重从不同角度、多个领域展开深入研究，有值得肯定的一面。但也不难发现，在一些马克思主义理论学科期刊中，与科学发展观简单嫁接的应景论文并不在少数，质量参差不齐的论文出现在同一刊物上显得特别扎眼。由此展开的话题是，有的马克思主义理论学科期刊在用稿上采取双重标准，放松入口标准，刊发了一些关系稿和收费稿。稿件良莠不齐的现象不同程度地存在，不仅直接损害了期刊的学术形象，而且也严重挫伤了那些埋首科研的学者和教师的学术积极性。在一定意义上，马克思主义理论学科期刊是马克思主义理论研究的一面镜子，对于那些学术质量不过关的学术论文，马克思主义理论学科期刊如果出于功利性考虑而发表的话，那就不仅起不到引领学术健康发展的学术责任，还会进一步恶化马克思主义研究的学术生态环境。

3. 金融危机

2008 年金融危机的爆发，是 20 世纪 30 年代大萧条以来西方最为严重的经济灾难。对于这场世界性的经济危机，国内各学科研究的学者和社会科学期刊都予以高度关注。

自金融危机爆发起，马克思主义理论学科期刊就高度关注这一重大事件并形成持续性反映。据不完全统计，2009—2013 年 5 年间，《求是》发表相关论文 20 篇，《马克思主义研究》发表相关论文 17 篇。《当代世界与社会主义》依托"热话题与冷思考"栏目，2011 年第 5 期刊发了沈骥如、江涌和季彭的《关于当今资本主义危机的特点及其走向的对话》，2013 年第 4 期发表了李琮、张宇和吕楠的《关于后金融危机时代资本主义新变化的对话》。《国外理论动态》发挥自身优势，翻译发表了许多国外学者相关研究成果：2009 年第 6、7 两期连载了英国著名左翼学者克里斯·哈曼的《20 世纪 30 年代的大萧条与当前的金融危机》（曹浩瀚译）；2010 年第 1 期发表美国学者福斯特、麦克切斯尼的《垄断金融资本/积累悖论与新自由主义本质》（武锡申译）和《大卫·哈维谈资本的逻辑与全球金融危机》（禤明亮译）；2010 年第 2 期发表埃及学者萨米尔·阿明的《理解世界金融危机的本质》（希桐、李楠译），法国学者热拉尔·杜梅尼尔、多米尼克·莱维的《新自由主义与美国霸权的危机》（刘耀辉译）等。

基于 2009—2013 年金融危机关键词变化曲线图（图 11）和 2009—2013 年马克思主义理论学科期刊 5 个热点关键词变化曲线图（图 9），马克思主义理论学科期刊对于金融危机的关注呈现出三个鲜明特点：第一，与其他 4 个热点关键词相比，金融危机关键词位置居中，高于生态文明和社会主义核心价值观，这说明 5 年间马克思主义理论学科期刊关于金融危机的研究关注度高过一些国内热点。第二，马克思主义理论学科期刊对于金融危机的关注 5 年间整体上呈现热度逐步下降的趋势，这与西方金融危机走势有直接关联。第三，2012 年，马克思主义理论学科期刊对于金融危机的关注呈现反弹的态势，出现 5 年间的第二个高点，这可能与对金融危机的反思和总结有关。

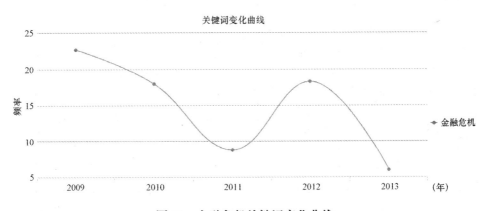

图 11　金融危机关键词变化曲线

2009—2013 年各年度马克思主义理论学科关键词图谱显示，当代资本主义、新自由主义、国际金融危机、经济全球化、经济发展方式、经济危机、市场经济、次贷危机、虚拟经济、帝国主义等关键词与金融危机相关。若深入分析的话，次贷危机、虚拟经济、马克思主义和帝国主义等关键词反映了金融危机爆发初期的研究重点，而发展趋势、世界社会主义和当代资本主义等关键词则在一定程度上反映了金融危机研究的深入。概括而言，5 年间马克思主义理论学科期刊关注的金融危机研究的具体论题有以下几个方面：

一是关于金融危机本质和原因的分析。资本主义、帝国主义、新自由主义、马克思主义和经济发展方式等关键词指向这一论题的研究。王伟光在《科学认识美国金融危机的本质和原因——重读〈资本论〉和〈帝国主义论〉》(《马克思主义研究》2009 年第 2 期)一文中指出,不联系私有制条件下商品和商品交换的二重性内在矛盾,不联系金融资本逐利本性,不联系资本主义制度本质,难以回答像美国这样所谓"完美"的市场制度为什么没能防止金融危机的爆发,难以看清危机的实质和深层原因,难以认清资本主义制度是造成危机的根本原因。作者提出,当前摆在我们面前的一项重要任务就是重读《资本论》和《帝国主义论》,运用马克思主义立场、观点和方法,科学揭示这场危机的深刻本质和根本成因。总体上,关于这一论题的研究,既有宏观层面的思考,如《当前金融危机的原因与应对——访中国社会科学院马克思主义研究院顾问、中共中央党校教授刘海藩》(《马克思主义研究》2009 年第 2 期)、王若素的《从马克思主义视角看金融危机产生的原因》(《科学社会主义》2009 年第 3 期)、时家贤的《从资本主义制度层面探究世界金融危机的根源》(《国外理论动态》2010 年第 2 期)和程世勇的《新自由主义与金融危机的政治经济学分析》(《毛泽东邓小平理论研究》2010 年第 6 期)等;也有微观层面的剖析,如王立强的《国际金融危机的深层思考——金融危机预警机制初探》(《红旗文稿》2012 年第 6 期)等。

二是基于金融危机对资本主义的批判。意识形态、资本主义、市场经济、共产主义等关键词大致展现这一论题的具体指向。批判在两个层面展开:一个是对资本主义意识形态的批判。李慎明在《从国际金融危机进一步认清新自由主义的危害》(《红旗文稿》2010 年第 6 期)一文中认为,新自由主义的推行加剧全球经济动荡,严重损害世界各国尤其是发展中国家的经济和金融安全;颠覆社会主义制度,损害发展中国家的政治经济主权;对社会主义国家进行思想文化渗透,威胁社会主义国家的意识形态安全;造成工人大量失业、贫富两极分化、政府垮台、社会动乱等严重社会问题,更是对广大发展中国家造成灾难性后果。其他代表性论文有于祖尧的《西方市场原教旨主义的衰败》(《红旗文稿》2012 年第 24 期),余治平的《金融危机的道德哲学批判》(《毛泽东邓小平理论研究》2009 年第 7 期),董筱丹、薛翠、温铁军的《发达国家的双重危机及其对发中国家的成本转嫁》（《红旗文稿》2011 年第 21 期）等。另一个是对资本主义制度的批判。近几年西方意识形态领域的一个重要变化，是从批判新自由主义思潮进而扩展到批判现行资本主义制度，揭示资本主义经济危机与政治危机双重危机的显露。

社会主义命运和中国道路探索始终存在于金融危机分析的基本框架之中，这一点从韩毓海的《国际金融危机与中国道路》（《国外理论动态》2010 年第 12 期），陈雨露的《全球金融危机背景下中国的发展机遇》（《理论视野》2009 年第 4 期)①和季小江、尚会永的《从国际金融危机看中国制度优越性》（《求是》2013 年第 1 期）等论文中充分体现了出来。这说明了马克思主义理论学科期刊在坚持学术性的同时考虑到了政治性的要求，但是，对于马克思主义理论学科期刊而言，对政治性的强调是必要的，但政治性的表达必须以科学性为基础。换言之，学术期刊的价值性与科学性必须有机统一起来。对于这场危机之于中国道路和社会主义的意义，马克思主义理论学科期刊需要始终坚持马克思主义立场、观点和方法，始终保持清醒和理性的科学态度。在这方面，王学东的《国际金融危机与世界社会主义》（《科学社会主义》2012 年第 3 期）一文富有启发性意义。② 马克思主义理论学科期刊在这个问题上有意义的作为，必须将机遇的分析与挑战的把握相结合，必须将社会主义自身问题的解决与对资本主义的批判和借鉴相结合，如果一味主观和片面，就可能使政治性的表达效果走向反面。

4. 生态文明

随着人与自然关系日趋紧张，生态问题日益突出，中国共产党不断强化生态文明理论与实践的双重探索。党的十七大首次将"生态文明"作为一个关键词写进政治报告，党的十八大报告首次单篇论述生态文明，将

---

① 陈雨露认为，全球金融危机对中国而言不仅意味着挑战，也意味着通过及时有效的调整确保国民经济的无泡沫化或者微泡沫化，实现中国经济长期的无金融危机增长等长期发展的四大机遇。

② 王学东指出，分析国际金融危机，既要看到资本主义的本质没有变，也要看到其表现形式的变化。当前资本主义的体制困境，主要是金融领域和虚拟经济的局部危机，没有动摇资本主义的根基，甚至难以动摇新自由主义的主导地位。要充分估计资本主义的应变和调适能力，但也要看到其辩证性质和"创新"的特点。

"生态文明建设"提到与"经济建设、政治建设、文化建设、社会建设"一样的高度，成为新时期中国特色社会主义事业"五位一体"总布局的重要组成部分。生态文明正是在这样一个背景下成为 2009—2013 年 5 年间马克思主义理论学科期刊的关注热点。

《马克思主义与现实》对于这一论题表现尤为突出。据不完全统计，该刊 2009—2013 年 5 年间发表相关论文 26 篇，其中 2009 年第 1 期发表 11 篇，第 2 期发表 5 篇，并且该刊还专门设置了"马克思主义与生态文明建设"栏目。代表性论文有吴晓明的《马克思主义哲学与当代生态思想》、徐琴的《论生态学马克思主义对当代资本主义的批判》、姜佑福的《生态社会主义的两种基本面相及其内在理论张力》和孙丽君的《生态美学的基本问题及其逻辑困境》等。另外，该刊还选译刊发了数篇国外学者关于生态问题的学术论文，主要有美国学者约翰·贝米拉·福斯特、布莱特·克拉克的《财富的悖论：资本主义与生态破坏》，玛莉·伊夫林·塔克的《生态与古典文化：环保的新根据》，小约翰·柯布的《论生态文明的形式》和克里福德·柯布的《生态文明的哲学基础》等。

基于 2009—2013 年生态文明关键词变化曲线图（图 12）和 2009—2013 年马克思主义理论学科期刊 5 个热点关键词变化曲线图（图 9），马克思主义理论学科期刊对于生态文明研究的关注主要表现为以下几个特点：第一，与其他 4 个热点关键词相比，生态文明关键词居于第四，仅高于社会主义核心价值观，这说明与其他几个国内热点问题相比，关于生态文明的研究受关注程度并不突出。第二，马克思主义理论学科期刊对于生态文明研究的关注 2010 年为 2009—2013 年 5 年间的波谷，之后呈现热度不断提升的态势。基于生态文明在十七大以来党的理论创新与实践探索中的重要地位，这个波谷的出现，可能与有的马克思主义理论学科期刊关注意识不强有关。第三，马克思主义理论学科期刊对于生态文明研究的关注 2013 年出现 2009—2013 年 5 年间的波峰。这一特征明显受到了十八大召开的政治影响，进一步说明政治因素是影响马克思主义理论学科期刊关注度最为重要的因素。①

---

① 《求是》仅 2013 年 1 年就发表关于生态文明宣传与研究方面的文章 16 篇。

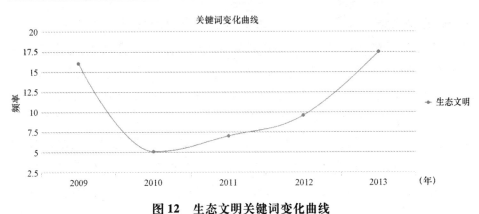

图12　生态文明关键词变化曲线

基于 2009—2013 年各年度马克思主义理论学科关键词图谱的观察，可持续发展、生态社会主义、生态学马克思主义、以人为本、资本主义、社会主义、生态文明建设等关键词，都与生态文明的研究直接相关。概括而言，5 年间，马克思主义理论学科期刊关注的生态文明研究的具体论题主要有以下几个方面。

一是关于生态文明的理论基础研究。资本论、马克思主义和资本主义等关键词展示了这一研究的基本指向。陈学明在《资本逻辑与生态危机》（《中国社会科学》2012 年第 11 期）一文中将生态文明的研究上升到与社会形态相联系的高度，指出要真正认识造成生态危机的根源并找到从这一危机中走出来的道路，必须深入地研究生态与资本的关系。资本由于其"效用原则"，必然在有用性的意义上看待和理解自然界，使之成为工具；资本由于其"增值原则"，决定了它对自然界的利用和破坏是无止境的。资本按其本性是反生态的。目前所出现的生态问题，说到底还是一个社会制度的问题。其他代表性论文有余谋昌的《从生态伦理到生态文明》（《马克思主义与现实》2009 年第 2 期）、朱炳元的《关于〈资本论〉中的生态思想》（《马克思主义研究》2009 年第 1 期）、张云飞的《试论生态文明的历史方位》（《教学与研究》2009 年第 8 期）和刘希刚的《马克思恩格斯生态文明思想的体系性存在及现实启示》（《科学社会主义》2012 年第 1 期）等。

二是关于党的理论创新和实践探索的研究。在党的生态文明理论创新研究方面，科学发展观、人的全面发展和公平正义等关键词的高频显现说明，围绕十七大以来党关于生态文明建设的重要论述加以阐释和说明，构成马克思主义理论学科期刊关注的重点。代表性论文有周生贤的《走向生态文明新时代——学习习近平同志关于生态文明建设的重要论述》（《求是》2013 年第 17 期）、夏文斌的《生态文明与人的全面发展》（《中国特色社会主义研究》2013 年第 5 期）和徐春的《社会公平视域下的环境正义》（《中国特色社会主义研究》2012 年第 6 期）等。在生态文明实践探索方面，低碳经济、可持续发展、城乡统筹和科学发展等关键词涉及这一论题。代表性论文有方世南、王建润、李安林的《以生态文明的理念建设循环社会》（《马克思主义研究》2009 年第 3 期），郇庆治的《城市可持续性与生态文明：对青岛、承德和苏州的比较》（《马克思主义与现实》2009 年第 2 期）和龚哲的《生态文明制度建设若干问题研究》（《科学社会主义》2013 年第 4 期）等。

三是关于国外相关思潮的评介与比较研究。生态学马克思主义、生态社会主义、马克思主义等关键词明确了主要论域和选题指向。代表性论文有徐崇温的《当代西方社会的生态社会主义思潮评析》（《马克思主义研究》2009 年第 2 期），陈学明的《马克思"新陈代谢"理论的生态意蕴——J. B. 福斯特对马克思生态世界观的阐述》（《中国社会科学》2010 年第 2 期）、《马克思唯物主义自然观的生态意蕴——约翰·贝拉米·福斯特对马克思主义的解释》（《马克思主义与现实》2009 年第 6 期）和《布什政府强烈阻挠"京都议定书"的实施说明了什么——评福斯特对生态危机根源的揭示》（《马克思主义研究》2010 年第 2 期），郑忆石的《生态学马克思主义：科学技术观辩证视域论析》（《教学与研究》2010 年第 3 期）等。就比较研究而言，代表性论文有王雨辰的《生态马克思主义研究的中国视阈》（《马克思主义与现实》2011 年第 5 期）和《论生态学马克思主义与我国的生态文明理论研究》（《马克思主义研究》2011 年第 3 期）等。

关于生态文明的研究方兴未艾。2015 年 3 月 24 日，中共中央政治局召开会议，审议通过《关于加快推进生态文明建设的意见》。会议指出，党的十八大和十八届三中、四中全会对生态文明建设作出了顶层设计和总体部署。要加强顶层设计与推动地方实践相结合，深入开展生态文明先行示范区建设，形成可复制可推广的有效经验。全党上下要把生态文明建设作为一项重要政治任务，以抓铁有痕、踏石留印的精神，真抓实干、务求实效，把生态文明建设蓝图逐步变为现实，努力开创社会主义生态文明新时代，为推动世界绿色发展、维护全球生态安全做出积极贡献。马克思主义理论学科期刊应进一步拓展视野，更加注重国外生态文明理论研究成果与实践探索成果的评介，强化比较和对话，努力从中吸取有利于当代中国生态文明建设的思想资源，这无论对于凝练马克思主义理论学科期刊的办刊特色、提升办刊质量和水平，还是对于凝聚国外马克思主义理论学科研究方向和研究人才、推动马克思主义理论学科的建设与发展，都具有重要的意义与价值。

5. 社会主义核心价值观

2006 年党的十六届六中全会通过的《中共中央关于构建社会主义和谐社会若干重大问题的决定》，第一次明确提出了"建设社会主义核心价值体系"的重大命题和战略任务，关于社会主义核心价值体系和社会主义核心价值观的研究逐渐升温。2012 年党的十八大明确提出"三个倡导"，即倡导富强、民主、文明、和谐，倡导自由、平等、公正、法治，倡导爱国、敬业、诚信、友善，积极培育社会主义核心价值观。社会主义核心价值体系和社会主义核心价值观的提出，在学界和社会上都产生了强烈的反响。

在关于这一论题的研究和讨论方面，《光明日报》的表现十分突出。2011 年，该报在中央媒体中率先开辟了"核心价值"专版，发起和推动了社会主义核心价值观凝练问题的大讨论，不同学科、不同领域、不同地区的众多知名学者踊跃参加讨论，为党的十八大明确提出"三个倡导"营造了良好的舆论氛围。此外，该报还开辟了"凝练社会主义核心价值观大讨论"、"贯彻落实《关于培育和践行社会主义核心价值观的意见》"专栏，同时利用"光明专论"专栏，充分发挥专家资源多的优势，邀请了陈先达、王伟光、韩庆祥、韩震、包心鉴、唐凯麟等知名专家就核心价值观的凝练、培育和践行问题展开理论探讨。

基于 2009—2013 年社会主义核心价值观关键词变化曲线图（图 13）和 2009—2013 年马克思主义理论学科期刊 5 个热点关键词变化曲线图（图 9），马克思主义理论学科期刊对于社会主义核心价值观研究的反映大体上有以下几个鲜明特点：第一，与其他 4 个热点关键词曲线相比，社会主义核心价值观关键词曲线地位明显最低，这说明马克思主义理论学科期刊对于社会主义核心价值观研究的关注，在 2009—2013 年五大关注热点问题中热度最低。第二，5 年间马克思主义理论学科期刊对社会主义核心价值观研究的关注热度有一定的起伏，但整体上呈现出逐步上升的趋势。第三，2013 年社会主义核心价值观研究热度出现迅猛提升，达到 2009—2013 年 5 年间的波峰。这一现象与党的十八大对社会主义核心价值观的界定、提出积极培育和践行社会主义核心价值观的战略任务直接相关。

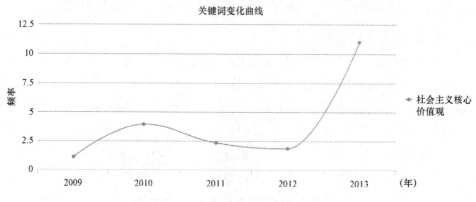

图 13　社会主义核心价值观关键词变化曲线

基于 2009—2013 年各年度马克思主义理论学科关键词图谱的观察，社会主义核心价值体系、社会思潮、意识形态、政治认同、文化建设、文化发展和文化软实力等关键词，都与社会主义核心价值观的研究直接相关。概括而言，5 年间马克思主义理论学科期刊关注的社会主义核心价值观研究具体论题有以下几个方面。

一是关于社会主义核心价值观的凝练。随着社会主义核心价值体系和社会主义核心价值观研究的升温，凝练社会主义核心价值观的进程逐渐为马克思主义理论学科期刊聚焦。韩震在《民主、公正、和谐——论社会主义核心价值理念》（《中国特色社会主义研究》2011 年第 2 期）一文中指出，将核心价值观凝炼为"民主、公正、和谐"三个价值，目的就是使这些观念保持在同样重要的层次，更加集中、更加明确、更加具有价值取向的针对性。侯惠勤在《意识形态的历史转型及其当代挑战》（《马克思主义研究》2013 年第 12 期）一文中则认为，人民至上、劳动优先、共同富裕是社会主义核心价值观的基础。其他代表性论文有田心铭的《中国社会主义核心价值观：以人为本，实事求是，独立自主》（《马克思主

义研究》2011 年第 11 期）和王中汝的《社会主义核心价值观：集体主义
还是其他》（《社会主义研究》2010 年第 5 期）等。显然，关于社会主义
核心价值观的不同理解，构成凝练社会主义核心价值观这一进程的组成部
分和主要特征，折射出社会存在的变化对社会意识的作用。

二是与凝练社会主义核心价值观相关的争论。关于社会主义核心价
值观不同理解的争论，深化和转换为与社会主义核心价值观相关的概念
辨析，以及凝练社会主义核心价值观原则与方法的讨论。马克思主义理
论学科期刊在关注不同理解的同时，也将相关争论纳入这一论题的关注
视野。社会主义核心价值体系、核心价值观、道德生活价值观、资本主
义核心价值观等关键词展示出社会主义核心价值体系与社会主义核心价
值观的关系、核心价值观与道德生活观的关系、社会主义核心价值观与
资本主义核心价值观的关系等论题。代表性论文有韩震的《必须区分核
心价值观与道德生活价值观——如何凝练社会主义核心价值观之管见》
（《中国特色社会主义研究》2012 年第 3 期）等。关于提炼社会主义核心
价值观的方法论原则，与前一问题相比，方法论的讨论反映为社会主义核
心价值观研究的深化。代表性论文有吴倬、王燕群的《论提炼和概括社
会主义核心价值观的方法论问题》（《马克思主义与现实》2010 年第 5
期）等。

作为 2009—2013 年 5 年间波峰，马克思主义理论学科期刊 2013 年对
社会主义核心价值观研究的关注反映出马克思主义理论研究的两大走势。
一方面，关于社会主义核心价值观的提炼并没有随着党的十八大的结束而
终结，研究还在深化。代表性论文有张永芝的《核心价值秩序与社会主
义核心价值观》（《教学与研究》2013 年第 6 期）、顾钰民的《深化社会
主义核心价值观研究的几个问题》（《中国特色社会主义研究》2013 年第
4 期）和张智的《当代中国社会主义的价值自觉——社会主义核心价值观
研究回顾与前瞻》（《教学与研究》2013 年第 10 期）等。另一方面，对
于如何培育和践行社会主义核心价值观，马克思主义理论界研究的热度提
升。代表性论文有国防大学中国特色社会主义理论体系研究中心的《社
会主义核心价值观根在实践》（《求是》2013 年第 10 期）等。

马克思主义理论学科期刊 5 年间对于社会主义核心价值观研究的积极
关注，对于激活马克思主义理论研究的问题意识、凸显马克思主义研究的
思想性与学术性，无疑发挥了一定的作用。作为中国特色社会主义重大问

题之一，关于社会主义核心价值观社会主义属性的解读及其与资本主义核心价值观的比较，应是深化社会主义核心价值观研究的重大论题。同时，社会主义核心价值观的研究不能止于文化建设的分析框架之中。随着这一研究的深入，只有将社会主义核心价值观置于中国现代化道路探索的时空中，社会主义核心价值观的研究价值才能得以更全面的展开。李景源的《核心价值体系与中国发展道路》（《马克思主义研究》2010 年第 5 期）、孙其昂和侯勇的《论社会主义核心价值观建设的现代性境遇与超越》（《中国特色社会主义研究》2011 年第 2 期）两篇论文，是对这一研究方向的积极开拓。这就提醒马克思主义理论学科期刊有责任通过选题方向的设置，引导广大学者深入挖掘，开辟更为丰富的讨论空间，将这一论题的研究引向深入。

（二）期刊关注热点年度分析

根据 2009—2013 年各年度马克思主义理论学科期刊关键词图谱、2009—2013 年各年度马克思主义理论学科期刊高频关键词统计表和 2009—2013 年各年度马克思主义理论学科期刊高中心性关键词统计表，"新中国成立 60 周年"、"中国模式"、"建党 90 年"、"党的十八大"和"党的十八大精神研究"等学术关键词明显高度集中，分别标识出 2009—2013 年各年度的关注热点。

1. 2009 年期刊关注热点分析

2009 年是新中国成立 60 周年。对于这一重大政治事件，马克思主义理论学科期刊普遍高度关注。基于 2009 年马克思主义理论学科期刊关键词图谱（图 14）、2009 年马克思主义理论学科期刊高频关键词（表 62）和高中心性关键词统计表（表 63），"中国共产党"、"社会主义"、"中国特色社会主义"、"中国特色社会主义理论体系"、"中国特色"、"马克思主义"、"马克思主义中国化"、"基本经验"、"历史经验"等关键词的高频出现，与纪念新中国成立 60 周年直接相关，其他诸如"党内民主"、"新民主主义革命"和"执政能力"等关键词，也与对新中国成立 60 周年的纪念间接相关。

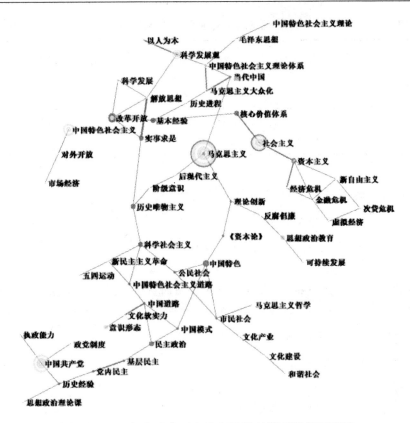

图 14　2009 年度马克思主义理论学科期刊关键词图谱

表 62　　　　　　　　　　　2009 年马克思主义理论学科期刊高频关键词

序号	关键词	出现频次	序号	关键词	出现频次
1	马克思主义	542	11	资本主义	114
2	中国共产党	393	12	金融危机	98
3	社会主义	306	13	中国特色社会主义理论体系	98
4	中国特色社会主义	295	14	科学发展	90
5	科学发展观	247	15	和谐社会	84
6	马克思主义中国化	219	16	以人为本	82
7	思想政治教育	166	17	生态文明	75
8	改革开放	139	18	中国特色	73
9	意识形态	138	19	马克思主义大众化	66
10	社会主义核心价值体系	134	20	理论创新	59

表 63　　　　　　　　　　2009 年马克思主义研究高中心性关键词

序号	关键词	中心度
1	历史唯物主义	0.30
2	科学社会主义	0.30
3	实事求是	0.26
4	基本经验	0.25

　　设置专题性栏目，集中刊发该专题研究的学术论文，是学术期刊对某论题给予重点关注的一般形式，在一段时间里连续设置同一专题性栏目，或者某一期设立专刊，表现为对某论题特别高度的关注。如《求是》从 2009 年第 15 期起设立"庆祝中华人民共和国成立 60 周年"专栏，到第 22 期基本结束，共发稿 26 篇。《中共党史研究》从 2009 年第 7 期起设立"纪念中华人民共和国成立 60 周年"专栏，到 12 期结束（第 10 期设置"纪念中华人民共和国成立 60 周年专刊"），共发稿 36 篇。《党的文献》从 2009 年第 3 期起设置"新中国成立 60 周年回顾与研究"专栏，到第 6 期基本结束，共发稿 21 篇。

　　从选题的视角看，"新中国成立 60 周年"一词虽然没有在马克思主义理论学科期刊 2009 年关键词图谱中出现，但是，它是所有与新中国成立 60 周年相关关键词的共同背景和核心范畴。基于相关高频关键词的综合分析，马克思主义理论学科期刊主要关注以下两个方面：一方面是新中国成立 60 周年以来实践成就的概括。《求是》所发的纪念文章涉及对新中国外交工作、工会工作、民族工作、农业农村工作、科技、教育事业等和江苏、广东等省市自治区 60 年建设成就的回顾与总结。作者多是中央有关部门、国务院各部委以及各省、自治区、直辖市负责同志。另一方面是新中国成立 60 周年以来制度与理论探索的总结。如《教学与研究》2009 年第 10 期发表了一组纪念论文，分别涉及对新中国 60 年"政府主导型"发展模式的形成与演变，新中国 60 年中国共产党的文化理论与方针、政策研究，新中国 60 年"双十条经验"的唯物史观透析等 5 篇论文，作者分别为武力、杨凤城、郑镇、门洪华和方长平等。

　　"改革开放"关键词及其与"解放思想"、"实事求是"、"基本经验"和"科学发展"等关键词的关联，说明改革开放历史进程和基本经验的回顾与总结是一个关注热点。2008 年是党的十一届三中全会召开 30 周年。"改革开放"这个关键词之所以在 2009 年马克思主义理论学科期刊关键词图表中有较强表现，有刊物发文滞后性因素的影响，更重要的是，这个关键词本身就是纪念新中国成立 60 周年的有机构成。据不完全统计，这一年，作为马克思主义理论学科期刊中的权威期刊，《中共党史研究》发表冠以"改革开放"标题的论文 16 篇，《马克思主义研究》发表冠以"改革开放"标题的论文 13 篇。论题选择和论文水平呈现出学术性和思想性增强的趋势，代表性论文有章百家的《积极开展改革开放史研究》（《中共党史研究》2009 年第 1 期）、韩民青的《改革开放的若干哲学启示》（《马克思主义研究》2009 年第 1 期）和冯同庆的《海外学者对中国改革开放以来劳动关系的理论研究》（《国外理论动态》2009 年第 10 期）等。

以问题意识纪念新中国成立 60 周年，有的马克思主义理论学科期刊在选题思路方面的探索值得关注和肯定。如《毛泽东邓小平理论研究》2009 年第 12 期刊发了陈学明的《对马克思主义中国化六十年历程中若干问题的认识》一文，将鲜明的问题意识与高度的学术性相结合，可谓相得益彰。① 《当代世界与社会主义》在 2009 年第 5 期"本期聚焦"栏目中，集中刊发了中共中央组织部党建研究所课题组撰写的关于党内民主建设的一组论文，以对党内民主的深入分析与讨论纪念新中国成立 60 周年，颇具特色。"党内民主"为党的十七大报告重点论述，是党中央在探索加强党的自身建设和发展社会主义民主的过程中提出的一个重要理念。在2009 年"七一"前夕，中共中央政治局还就积极推进党内民主建设问题进行了第十四次集体学习。该刊刊发的这组论文题目分别为《党内民主建设的基本理论问题》、《党内民主建设的主要成就及启示》、《进一步推进党内民主建设的基本思路》和《党内民主建设中的风险防范与控制》等，选题意旨明确，论题重点突出。

对于纪念新中国成立 60 周年给予特别关注，反映出马克思主义理论学科期刊的理论自觉。作为党的重要思想理论阵地，马克思主义理论学科期刊需要始终坚持政治性，在当前学术界"政治淡出，学术凸显"的背

---

① 陈学明提出了能否把新中国成立以来的伟大成就说成是马克思主义中国化所取得的、可否把这六十年作为马克思主义中国化的一个完整的过程来认识、在这六十年里推动马克思主义中国化的主体是谁、这六十年马克思主义中国化的主题是什么等六个问题，并对这六个问题富有针对性地进行了辨析和回答。

景下，强调这一点就具有特别重要的意义。当然，对于政治性的坚持需要把握两点：第一，这种坚持不是对学术性的拒斥，政治性的坚持必须与学术性的坚持联系起来并以之为基础，实现两者的统一；第二，这种坚持不是对问题意识的拒斥，如果将政治性与肯定性阐释划上简单的等号，是对政治性的片面认识。坚持政治性与坚持问题意识不仅不是对立的而且是内在联系在一起的。应该说，马克思主义理论学科期刊对于这两个问题有值得反思和检讨之处。在肯定性阐释中凸显问题意识、强化现实关怀，这是当前马克思主义理论学科期刊提升办刊水平的一个重要路径。

2. 2010 年期刊关注热点分析

中国模式可以视为 2010 年马克思主义研究热点中的焦点。基于 2010 年马克思主义理论学科期刊关键词图谱（图 15）、2010 年马克思主义理论学科期刊高频关键词（表 64）和高中心性关键词统计表（表 65），"发展模式"、"中国道路"、"苏联模式"、"中国特色"、"理论创新"、"经济发展"和"市场经济"等关键词都与中国模式的研究直接相关。

图 15　2010 年度马克思主义理论学科期刊关键词图谱

表 64   2010 年马克思主义理论学科高频关键词

序号	关键词	出现频次	序号	关键词	出现频次
1	马克思主义	115	11	延安时期	29
2	社会主义	80	12	经济发展	29
3	中国共产党	50	13	国际金融危机	28
4	中国特色社会主义	43	14	政治发展	28
5	社会建设	43	15	学科建设	28
6	科学发展观	42	16	共产主义	27
7	马克思主义中国化	42	17	政治经济学	27
8	社会主义核心价值观	38	18	公平正义	25
9	学习型政党	36	19	资本主义	25
10	意识形态	32	20	群体性事件	25

表 65   2010 年马克思主义研究高中心性关键词

序号	关键词	中心度
1	科学发展	0.71
2	中国模式	0.63
3	发展模式	0.51
4	基本经验	0.48

关于中国模式的热烈讨论，2004 年由美国《时代》周刊高级编辑乔舒亚·库珀·雷默提出的"北京共识"所引发。关于这一问题的热烈讨论不是一个偶然性事件，而是中国改革开放多年之后的自然结果。中国成就与中国问题的深刻纠缠、中国共产党自我认知的不断强化、改革发展处于关键期"中国向何处去"的提问不断走高，以及西方对中国发展道路与核心价值理念的高度关注，是促成这一论题从 2004 年起研究持续升温的主要原因。作为一个综合性论题，中国模式引起社会科学诸多学科持续关注。从 2004 年到 2010 年，《参考消息》、《求是》、《中国社会科学》等报刊陆续发表了一系列关于中国模式、中国道路和中国经验的学术论文和理论文章，不断将中国模式的研究推向高潮。

在中国模式问题的讨论中，《红旗文稿》表现出特别积极主动的态势。这一年该刊陆续发表了陈平的《中国之谜与中国之道》、陈红太的《中国经济奇迹的密码在政治领域》、徐崇温的《国外近期关于"中国模式"的研究动向》和《世界范围内"模式"问题的四次论争及其启示》、杨生平的《超越式继承：从中国道路的选择看传统文化的发展》、俞邃的《"中国模式"之我见》以及陶绍兴的《"中国模式"研究综述》等一批相关论题论文，引人注目。另外，《国外理论动态》发挥获取和译介国外相关研究成果的独特优势，选译发表了一些关于中国模式研究的代表性论文，为国内学者深化这一论题的研究提供了有益参考。

"经济发展"、"市场经济"、"新自由主义"等关键词与"中国模式"的直接关联，意味着马克思主义理论学科期刊对从经济视角解读中国模式的研究给予了重点关注。从刊发的论文看，具体论题涉及中国经济发展模式历史演变、不同类型经济发展模式的比较研究等，代表性论文有孙剑的《中国经济发展模式的轨迹与演进》（《马克思主义与现实》2010年第2期）、《中国经济模式与市场社会主义——访中华外国经济学说研究会副会长余文烈教授》（《马克思主义研究》2010年第11期）。另外，核心价值体系、科学发展等关键词纳入中国模式的讨论之中，反映了这些概念与中国模式研究的一致性，代表性论文有李景源的《核心价值体系与中国发展道路》（《马克思主义研究》2010年第5期）和黄平的《科学发展、中国道路与社区重建》（《理论视野》2010年第2期）等。

"苏联模式"、"毛泽东思想"与"中国模式"、"中国道路"等关键词的紧密联系，说明马克思主义理论学科期刊的关注涉及中国模式探索的历史起点、中国模式与苏联模式的比较以及新中国成立以来两个30年关系的分析与思考。历史视角和比较视角的引入反映了研究的深化。从所发论文看，大都有着明确的问题指向和回应对象。徐俊忠在《毛泽东社会主义建设道路几个问题再探讨》（《马克思主义与现实》2010年第6期）一文中认为，毛泽东率先发起对于苏联模式的反思，提出为中国创造社会主义建设的新路线，为中国特色社会主义的理论与实践发展奠基。其他代表性论文有赵曜的《从中国模式和苏联模式的比较中正确评价中国模式》（《科学社会主义》2010年第5期）、黄宗良的《从苏联模式到中国特色社会主义》（《中国特色社会主义研究》2010年第7期）和尚伟的《中国社会主义模式变迁的逻辑》（《科学社会主义》2010年第4期）等。

随着中国模式讨论的深入，这一问题的研究逐渐逾越了肯定性分析的基本框架，大量关于中国模式的争论显现出来。由于考虑到"模式"一词有定型性和示范性的倾向，2010年以后，国内学术界关于这一论题的讨论，逐渐用中国道路的概念替代了中国模式的概念。争论性话题主要包括：关于中国模式之有无（代表性论文有徐崇温的《关于如何理解中国模式的若干问题》，《马克思主义研究》2010年第2期）、中国模式的概念（代表性论文有秦宣的《"中国模式"之概念辨析》，《前线》2010年第2期）、中国模式的实质和内涵（代表性论文有万俊人的《如何理解中国道路的现代性》，《理论视野》2010年第12期；左宪民的《论中国道路的辩证特性》，《中共党史研究》2010年第3期等）和中国模式与社会主义的未来等。关于中国模式的激烈争论说明，关于中国现代化道路的探索依然存在一个较大的讨论空间。

面对这样一个重大的实践命题和巨大的讨论空间，马克思主义理论学科期刊在这个问题上的作为有值得反思和总结之处。总体上，争论性论文的刊发一般是随机性的，不同观点之间的商榷文章很少出现在同一期刊中。由此导出学术争鸣栏目的设立与经营问题的探讨。对于马克思主义理论学科期刊而言，学术争鸣对强化问题意识、澄清疑惑、推动问题研究的深入具有特殊的意义与价值。《当代世界社会主义问题》在这方面有值得介绍的案例：一是张光明针对何方的《一定要解决好民主化问题》一文发表的《"马克思主义分前后两期"说献疑：与何方先生商榷》（《当代世界社会主义问题》2011年第4期），有力地澄清了经典马克思主义的有关问题。二是《当代世界社会主义问题》2011年发表的任晓伟和李延明的学术争论。但是，从整体上看，马克思主义理论学科期刊中少有设置"学术争鸣"这一栏目的，即使设有这一栏目，也存在着对学术争鸣的尺度和底限把握不当的问题。随着社会意识活跃度越来越高，马克思主义理论学科期刊应该提供更为广阔的表达空间，推动马克思主义理论学科繁荣度的提升。

除了中国模式的研究热点外，"学科建设"这一关键词的高频出现，说明马克思主义理论这个新设立的一级学科自身建设的问题引起越来越多的关注和思考。

3. 2011 年期刊关注热点分析

2011年是中国共产党成立90周年。中国共产党成立以来90年理论与实践的双重探索，成为马克思主义理论学科期刊2011年关注的一大热点。基于 2011 年马克思主义理论学科期刊关键词图谱（图 16）、2011 年马克思主义理论学科期刊高频关键词（表 66）和高中心性关键词统计表（表 67），"中国共产党"、"马克思主义"、"社会主义"、"马克思主义中国化"、"党的建设"等关键词高频出现，都与这一论题有关。

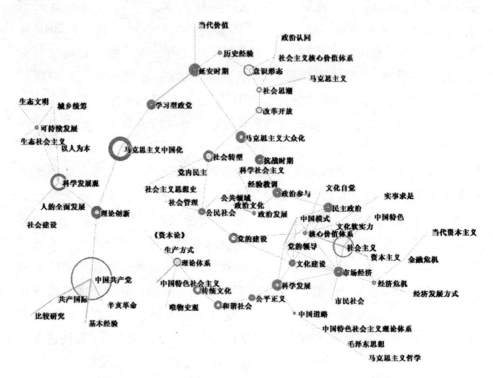

图 16　2011 年度马克思主义理论学科期刊关键词图谱

表 66　　　　　　　　2011 年马克思主义理论学科高频关键词

序号	关键词	出现频次	序号	关键词	出现频次
1	中国共产党	117	11	理论体系	26
2	马克思主义	116	12	意识形态	26
3	社会主义	58	13	传统文化	25
4	社会管理	56	14	当代资本主义	25
5	马克思主义中国化	49	15	社会主义市场经济	24
6	中国特色社会主义	43	16	人的全面发展	23
7	文化自觉	35	17	生态社会主义	23

续表

序号	关键词	出现频次	序号	关键词	出现频次
8	科学发展观	34	18	社会思潮	22
9	核心价值观	32	19	生产方式	22
10	社会转型	26	20	资本主义	22

表 67　　　　　　　　　2011 年马克思主义研究高中心性关键词

序号	关键词	中心度
1	延安时期	0.62
2	政治参与	0.57
3	学习型政党	0.52
4	马克思主义中国化	0.49
5	抗战时期	0.49
6	理论创新	0.49
7	马克思主义大众化	0.48
8	科学发展	0.46

作为中共中央主办的机关刊物，《求是》的表现自然突出。该刊从 2011 年第 10 期起设立"庆祝中国共产党成立 90 周年"专题栏目，到第 14 期结束，5 期共发稿 20 篇。其中，第 13 期全文发表了胡锦涛同志在庆祝中国共产党成立 90 周年大会上的讲话，并配发了《永远走在时代前列——庆祝中国共产党成立 90 周年》社论。就主要选题而言，一是对党的各个领域工作成绩全面系统的介绍与评价，如王家瑞的《把握规律开拓进取　推动党的对外工作科学发展——纪念党的对外工作 90 周年》、袁贵仁的《坚持党的领导和社会主义办学方向　不断推进教育事业科学发展》、柳斌杰的《在旗帜的引领下——党的新闻出版事业 90 年伟大实践与思考》和范小建的《消除贫困、实现共同富裕的领路人》等。二是对党的奋斗意义的历史评价与感言，金冲及的《开天辟地的大事变》和雷云的《理直气壮地讲共产主义理想——建党 90 周年感言》两文，鲜明表达了对中国共产党历史与未来的肯定与期待，其意义和价值已经逾越了学术研究的分析框架。《中国特色社会主义研究》自 2011 年第 1 期起设

立"纪念中国共产党成立 90 周年"专栏，从第 1 期到第 5 期（第 5 期栏目改为"党的建设——学习胡锦涛七一讲话"）共发文稿 26 篇。代表性论文有李捷的《中国共产党与两大历史任务》和梁柱的《要坚持党的最高纲领和最低纲领相统一的实践原则》等。

高频关键词比较准确地展示了马克思主义理论学科期刊关注的具体论题和特点。"基本经验"、"历史经验"和"经验教训"等关键词明确指向中国共产党建党 90 周年经验的总结和评价。从刊发的论文看，经验研究既有宏观的视角也有微观的视角，既有整体性的回顾也有局部性的反思。代表性论文有全国党的建设研究会的《党的建设要始终为党领导的伟大事业服务》（《求是》2011 年第 12 期）、《求是》文化编辑部课题组的《不断推进马克思主义中国化时代化大众化——建党 90 周年的重要历史经验》（《求是》2011 年第 12 期）、任玉秋的《论马克思主义人民主权思想中国化的历史经验》（《当代世界与社会主义》2011 年第 3 期）、宇文利的《论马克思主义中国化教育的基本经验》（《马克思主义与现实》2011 年第 5 期）和中共中央党史研究室的《党领导社会主义革命和建设的伟大成就及基本经验》（《中共党史研究》2011 年第 2 期）等。

"延安时期"在 2011 年马克思主义理论学科期刊高中心性关键词统计表中排名第一，这一现象不仅凸显了这一历史时期党的建设之于中国共产党 90 年历史的重大意义，而且也反映了马克思主义理论学科期刊关注这一热点的历史视角。从所涉论题看，不仅涉及对这一历史时期党的建设的肯定性阐释，而且蕴涵当下学习型政党建设等党建任务的现实考量。代表性论文有何玉芳、徐黎的《党在延安时期的学习经验及其对建设马克思主义学习型政党的启示》（《马克思主义研究》2011 年第 6 期），薛延飞、高尚斌的《延安时期党在"排除万难"中创造辉煌奇迹的经验启示》（《毛泽东邓小平理论研究》2011 年第 7 期）和王景玉的《中国共产党在延安时期的学习实践研究》（《当代世界与社会主义》2011 年第 3 期）等。

结合庆祝建党 90 周年这一契机深化中国道路问题的研究，反映了有的马克思主义理论学科期刊对这一论题的理解深度。"中国道路"、"中国模式"等关键词与"中国共产党"、"社会主义"等关键词从来都不是分离而是内在有机联系在一起的。《国外理论动态》2011 年第 7 期刊发了韩毓海的《百年中国道路与中国共产党——写在中国共产党成立九十周年之际》和美国学者阿里夫·德里克的《"中国模式"理念：一个批判性分析》（朱贵昌译）两篇论文，历史视野和理论视野宏阔而深邃，蕴涵深刻的问题意识和鲜明的价值取向，可圈可点。这一事实说明，学术期刊对于学术热点的经营和处理水平，不只是通过发稿数量和频率来体现，更重要的是通过稿件的选题和质量来体现，一篇有较强思想性和学术性的论文传播范围和影响力远远超过一组低水平的毫无新意的论文。能给读者留下这样印象的文章还有吕增奎的《变革、合法性与中国共产党的未来——近年来西方学者的中国共产党研究》（《当代世界与社会主义》2011年第3期）等。

对于中国共产党来说，关于苏联解体问题的历史反思无疑是加强自身建设不可忽视的历史资源。莫斯科是北京的一面镜子。"热话题与冷思考"是《当代世界与社会主义》传统名牌栏目，2011年第4期该栏目刊发了黄宗良、肖枫、俞邃、季正矩和王瑾等学者参与的"关于苏联剧变20周年若干问题的对话"。这一对话与余金成和郑安定的《放弃社会主义价值目标是苏联解体的根本原因》、俄罗斯学者 B. И. 茹科夫的《"改革"：总结和教训》、刘建武的《苏联模式衰败的缘由与启示》、美国学者列昂·阿伦的《关于苏联解体：你以为知道的一切都是错误的》和美国学者彼得·雷德的《民众的不满在多大程度上促进了苏联的解体》等论文一起，营造出这个特定的历史时间特殊的纪念氛围，表现了该刊在这一论题把握上的别具匠心。

对于马克思主义理论学科期刊而言，以上两个积极开拓选题思路的例子说明，在同一个学术热点的把握和参与上，可以通过不同视角和不同论题的选择，彰显自身的办刊特色和办刊水平。这对于弱化马克思主义理论学科期刊不同程度存在的同质化特征，具有十分重要的意义。

4. 2012年期刊关注热点分析

2012年马克思主义理论学科期刊高度聚焦于党的十八大这一重大政治事件。基于2012年马克思主义理论学科期刊关键词图谱（图17）、2012年马克思主义理论学科期刊高频关键词（表68）和高中心性关键词统计表（表69），"中国共产党"、"马克思主义"、"中国特色社会主义"、"科学发展观"、"科学发展"、"马克思主义中国化"、"胡锦涛总书记"、"改革开放"、"共同富裕"和"十八大"等关键词，可以认为与这一年召开的党的十八大直接相关，其他诸如"社会主义核心价值体系"、"生态文明建设"等关键词也与党的十八大有内在关联。

党内民主

科学发展观   以人为本

社会主义核心价值体系

"三个代表"重要思想 国际金融危机

文化建设

毛泽东思想   中国共产党   中国特色社会主义事业   社会管理

生态文明建设

理论创新

邓小平理论 中国特色社会主义   改革开放   文化自觉

马克思主义中国化   经济发展

新自由主义

文化发展   社会主义

社会主义制度马主义研究   中国经济

社会主义研究   中国模式

共同富裕   资本主义

金融危机

图 17   2012 年度马克思主义理论学科期刊关键词图谱

表 68   2012 年马克思主义理论学科高频关键词

序号	关键词	出现频次	序号	关键词	出现频次
1	中国共产党	118	11	改革开放	45
2	马克思主义	113	12	意识形态	33
3	科学发展观	86	13	党的十六大	31
4	中国特色社会主义	81	14	经济社会发展	31
5	思想政治教育	64	15	资本主义	31
6	马克思主义中国化	62	16	领导干部	31
7	社会主义	56	17	中国社会科学院	30
8	社会主义核心价值体系	54	18	共同富裕	29
9	科学发展	52	19	政治体制改革	29
10	胡锦涛总书记	49	20	中国特色社会主义理论体系	28

表 69　　　　　　　　　　　**2012 年马克思主义研究高中心性关键词**

序号	关键词	中心度
1	中华民族	0.36
2	生态文明建设	0.14
3	理论创新	0.10
4	社会主义现代化建设	0.10

"胡锦涛总书记"和"十八大"成为高频关键词，是这一年马克思主义理论学科期刊聚焦党的十八大最为突出的证明。这两个关键词之所以高频出现，是因为胡锦涛同志在 2002 年召开的党的十六大上当选中共中央总书记，到 2012 年底十年两届任期结束。党的十八大不仅是对十七大以来党的中央委员会的工作加以总结的重要会议，也是对党的十六大以来以胡锦涛同志为总书记的党中央十年工作加以总结的重要会议。这一重大政治事件在马克思主义理论学科期刊关键词中迅速得到充分反映，再次说明了该学科期刊高度的政治责任感。

在马克思主义理论学科期刊刊发的相关专题论文中，有关科学发展观的论题最为显著。概括而言，关注主要集中在以下两个方面：一方面是对科学发展观基本内涵的深入研究，"以人为本"等关键词的高频显现充分说明了这一特征。另一方面是对科学发展观历史地位和重大意义的研究。"毛泽东思想"、"邓小平理论"、"'三个代表'重要思想"以及"中国特色社会主义理论体系"、"理论创新"等关键词的高频显现，显然与科学发展观的地位与意义研究相关。

这一年一些关键词的高频出现，显示了马克思主义理论学科期刊对于中国问题的高度关注。通过对中国特色社会主义重大理论和现实问题的探讨，影响重大政治决策，是知识分子政治诉求表达的一般形式，也是马克思主义理论学科期刊政治性体现的一个重要形式。2012 年是邓小平南方谈话 20 周年，如果说通过纪念这一历史事件从侧面表达对于十八大的政治期许是马克思主义理论界一些学者理论自觉的话，那么，一些马克思主义理论学科期刊也表现出同样的理论自觉，两者之间形成高度的一致性。比如，《思想理论教育导刊》2012 年第 3 期刊发了梁柱的《必须紧紧地全面掌握党的基本路线——纪念邓小平南方谈话 20 周年》、雷云的《社会主义本质论与坚持社会主义初级阶段的基本经济制度》和杨瑞森的《邓小平"南方谈话"关于思想理论教育的三个重要思想》等专题论文。作者多为马克思主义理论界知名学者，所涉具体选题皆指向关涉中国特色社会主义未来的重大课题。

其中，"共同富裕"和"政治体制改革"两个关键词值得展开分析。作为邓小平社会主义本质论的重要内容，共同富裕问题的深入讨论，对于坚持和发展中国特色社会主义意义重大。"共同富裕"这一高频关键词折射出马克思主义理论学科期刊对于社会贫富分化问题的特殊关注，代表性论文有陶文昭的《邓小平"南方谈话"的四个嘱托》（《中国特色社会主义研究》2012 年第 1 期）、龙平平的《关于深化邓小平理论研究的重点》（《当代中国史研究》2012 年第 4 期）、杨承训的《"共同富裕"是根治深层次矛盾之本——重温邓小平"消除两极分化"的思想》（《毛泽东邓小平理论研究》2012 年第 1 期）、高长武的《全面准确地理解邓小平理论中的几个问题》（《党的文献》2012 年第 2 期）、武力的《均衡与非均衡：邓小平关于经济发展的辩证思想研究》（《党的文献》2012 年第 6 期）和龚云的《论邓小平共同富裕理论》（《马克思主义研究》2012 年第 1 期）等。

在"政治体制改革"这一高频关键词的背后，蕴涵了一些马克思主义理论学科期刊更为丰富的政治期许。党内民主问题的讨论在这一年受到马克思主义理论学科期刊集体关注。《科学社会主义》围绕党内民主相继刊发了文丰安的《村民自治的逻辑困境与基层党内民主建设的关系研究》，常欣欣、毛德儒的《党内民主与保持党的纯洁性》，任小伟的《"七千中国人民大学会"期间中国共产党对党内民主的思考》，谢峰、王燕的《西方政党党内民主发展的新趋势》等论文，显示出该刊明确的关注方向。其他代表性论文有王海光的《张力与局限——七千中国人民大学会会议方式探析》（《中共党史研究》2012 年第 6 期）和张纯的《论转型期中国共产党党内民主的选择与建构》（《马克思主义与现实》2012 年第 4 期）等。

"坚持共同富裕"作为党的十八大报告"八个坚持"中的一个坚持，不能不认为包含有马克思主义理论界学者和期刊的共同努力。借助深化邓小平社会主义本质论研究这一学术本分，实现影响中国发展的政治本分，是马克思主义理论学科期刊实现学术本分和政治本分统一的一次积极探索。进一步而言，对于马克思主义理论学科期刊来说，将问题意识与建构意识统一起来，在学术话语框架中进行政治表达，是将学术性与政治性统一起来必须贯彻和坚持的一个基本原则，既可以克服片面强调肯定性阐释而造成学术性弱化的问题，也可以克服片面注重批判性而忽视建构性的问题。

5.2013 年期刊关注热点分析

基于 2013 年马克思主义理论学科期刊关键词图谱（图 18）、2013 年马克思主义理论学科期刊高频关键词（表 70）和高中心性关键词统计表（表 71），2013 年马克思主义理论学科期刊关注的焦点是宣传和研究党的十八大精神。这一年是毛泽东诞辰 120 周年，关于毛泽东思想的研究成为一个关注热点。这一年也是中国梦的宣传和研究广泛展开的一年。这两大论题作为宣传和研究党的十八大精神的有机组成部分，成为这一年度马克思主义理论学科期刊关注的重心。

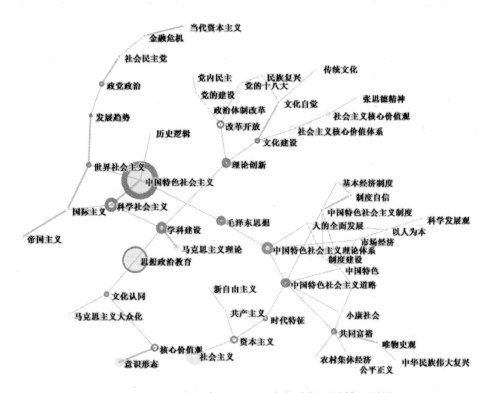

图 18　2013 年度马克思主义理论学科期刊关键词图谱

表 70   2013 年马克思主义理论学科高频关键词

序号	关键词	出现频次	序号	关键词	出现频次
1	马克思主义	103	11	马克思主义中国化	23
2	中国特色社会主义	75	12	科学发展观	22
3	思想政治教育	64	13	生态文明	21
4	社会主义	57	14	政党政治	20
5	中国共产党	53	15	社会主义核心价值观	19
6	马克思主义理论	33	16	工人阶级	19
7	意识形态	30	17	世界社会主义	19
8	群众路线	29	18	思想政治理论课	18
9	社会主义核心价值体系	24	19	制度建设	18
10	经济增长	24	20	社会民主党	18

表 71   2013 年马克思主义研究高中心性关键词

序号	关键词	中心度
1	中国特色社会主义	0.41
2	中国特色社会主义理论体系	0.39
3	中国特色社会主义道路	0.37
4	毛泽东思想	0.36
5	科学社会主义	0.28
6	理论创新	0.28
7	发展趋势	0.19
8	世界社会主义	0.18

    十八大报告一个突出的亮点，就是对中国特色社会主义制度作了全面系统的阐释，指明了制度建设的重要性，论述了中国特色社会主义制度的科学内涵，并对如何坚持和完善中国特色社会主义制度作了战略部署。"中国特色社会主义制度"、"制度自信"、"基本经济制度"和"制度建设"等关键词的高频出现，说明中国特色社会主义制度的研究得到马克

思主义理论学科期刊的高度关注。代表性论文有许耀桐的《论中国特色社会主义具体政治制度》（《科学社会主义》2013年第1期）、《中国特色社会主义制度自信的基础》（《新视野》2013年第5期），李婧和田克勤的《中国特色社会主义制度的历史由来和创新发展——以宪法及其修正案为分析视角的思考》（《马克思主义研究》2013年第8期）等。

关于毛泽东的历史评价，是党的十八大坚持和发展中国特色社会主义主题的展开和深化。"毛泽东思想"在2013年马克思主义理论学科期刊高中心性关键词统计表中的显著表现说明，在毛泽东诞辰120周年之际，马克思主义理论学科期刊强化了对于毛泽东思想研究的关注。改革开放前后两个不同历史时期关系的认识，涉及"中国下一步向何处去"问题的理解和回答，是讨论中国未来不可或缺的思想资源。正是基于对这一问题的深刻认知，习近平总书记2013年初在新进中央委员会的委员、候补委员学习贯彻党的十八大精神研讨班开班式上发表重要讲话强调，不能用改革开放后的历史时期否定改革开放前的历史时期，也不能用改革开放前的历史时期否定改革开放后的历史时期，即"两个不能否定论"。《中共党史研究》当年发稿6篇，代表性论文有蒋建农的《正确认识毛泽东思想和中国特色社会主义理论体系相互关系的根本指针》。《马克思主义研究》当年发表论文4篇，代表性论文有《毛泽东在开创中国特色社会主义道路中的历史功绩和历史地位——访中国社会科学院副院长李捷》、梁柱的《方法论在毛泽东思想中的重要地位》和郑德荣的《毛泽东思想的历史地位与当代价值新论》等。

特别值得指出的是，《思想理论教育导刊》2013年第11期发表了沙健孙的《毛泽东关于中国革命和建设理论的形成与发展》、有林的《毛泽东对中国建成社会主义长期性和阶段性的认识》和肖贵清的《毛泽东对中国特色社会主义的历史贡献》等4篇论文，第12期又发表了逄先知的《毛泽东的历史功绩》和仝华的《毛泽东对新政协会议成功筹备与召开的领航》等4篇论文。如此密集发文论述毛泽东对中国特色社会主义的历史贡献，是该刊办刊方向和原则的显著表现。借助对像毛泽东这样一个重大历史人物的纪念，发表大量相同立场的学术论文，对于强化刊物的学术立场和政治倾向，是一个很好的实践，对于马克思主义理论学科期刊自身建设无疑提供了一个可资借鉴的做法。

"中国梦"、"民族复兴"等关键词的高中心性和高频显现，说明在十八大精神的学习、宣传和研究中，中国梦研究迅速升温，这是 2013 年马克思主义理论学科期刊关注的一个重点。这一年除了上述研究热点外，关于群众路线的研究也占据一定地位，"群众路线"这个关键词在 2013 年马克思主义理论学科期刊高频关键词统计表中的显著表现，反映了马克思主义研究对群众路线教育实践活动的呼应。另外，"学科建设"关键词再次高频出现，从一个侧面反映了马克思主义理论学科自身建设认识上的深化。

（三）期刊关注热点趋势分析

1. 中国梦

2012 年 11 月 29 日，中共中央总书记习近平在参观"复兴之路"展览时第一次对"中国梦"作出了阐发。这一重要论述迅即引发社会各界广泛热议和深入讨论，"中国梦"关键词变化曲线如图 19 所示。据不完全统计，《求是》2013 年发表以"中国梦"为题的论文 28 篇，平均每期超过 1 篇。作者中既有刘奇葆、徐守盛、刘家义等党政官员，也有孔根红、金元浦、黄相怀等学者；既有署名秋石的编辑部文章，也有郑永年等海外华人学者的论述。所涉论题既有中国梦的理论创新意义、中国梦与世界梦的关系，也有如何学习践行中国梦等内容。《红旗文稿》2013 年发稿 12 篇，该刊第 20 期还刊发了"中国梦确立了鼓舞人心的奋斗目标"一组笔谈。《中国特色社会主义研究》发稿 8 篇，代表性论文有石仲泉的《十八大发展了的中国特色社会主义与"中国梦"》，程美东、张学成的《当前"中国梦"研究评述》和艾四林的《"中国梦"与中国软实力》等。《毛泽东邓小平理论研究》2013 年发稿 9 篇，代表性论文有唐洲雁的《实现中国梦的重大战略部署——学习党的十八大以来习近平总书记重要讲话精神》、汪青松的《科学发展观与中国梦的理想信仰》和李君如的《中国梦的意义、内涵及辩证逻辑》等。《社会主义研究》2013 年发表以中国梦为论题的论文 11 篇，平均每期近 2 篇。此外，该刊还从 2013 年第 4 期特设"理论热点问题专论"栏目，就"中国特色社会主义的发展与中国梦的实现"这一主题征文。

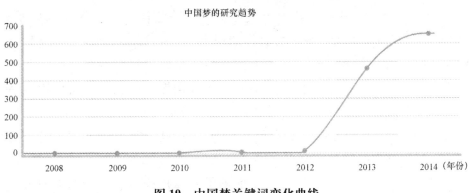

图19　中国梦关键词变化曲线

习近平总书记指出，实现中华民族伟大复兴，就是中华民族近代以来最伟大的梦想。这个梦想，凝聚了几代中国人夙愿，体现了中华民族和中国人民的整体利益，是每一个中华儿女的共同期盼。空谈误国，实干兴邦，我们这一代共产党人一定要承前启后，继往开来，朝着民族复兴的伟大目标奋勇前进。习近平最后强调，建党100周年时，全面建成小康社会的目标一定能实现；新中国成立100周年时，中华民族伟大复兴的梦想一定能实现。2013年3月17日，习近平在十二届全国人大一次会议闭幕会上，号召人们为实现中国梦而努力奋斗，第二次详尽阐述中国梦。

"中国梦"的基本内涵是实现国家富强、民族振兴、人民幸福。"中国梦"的奋斗目标是到2020年国内生产总值和城乡居民人均收入在2010年的基础上翻一番，全面建成小康社会；到21世纪中叶建成富强民主文明和谐的社会主义现代化国家，实现中华民族伟大复兴的中国梦。中国梦展现了国家强盛、民族振兴、人民幸福的宏伟蓝图，极大地激发了人民群众实现中华民族伟大复兴的内心渴望和高涨热情，成为当今中国发展进步的高昂旋律和精神旗帜。

（1）"中国梦"开拓了中国特色社会主义的理论视野

"中国梦"是中国新一届中央领导集体把马克思主义基本原理与当今中国国情相结合，在深刻分析了社会主义理论发展至今的规律、中国特色社会主义的理论道路以及当今世界发展的时代特征之后提出来的。"中国梦"的提出，赋予了中国特色社会主义道路、理论和制度新的内容，为坚持和发展中国特色社会主义注入强大正能量，标志着马克思主义中国化、时代化、大众化达到了新高度。

一方面，"中国梦"进一步发展了中国特色社会主义的理论体系。"中国梦"深刻回答了"树立什么样的理想、怎样实现理想"、"实现什么样的目标、怎么实现目标"这一关乎党和国家命运的根本理论与实践问题，并对事关中国特色社会主义的若干重大问题，如发展道路、依法治国、改革开放、执政根基、从严治党、意识形态建设等进行了系统阐述，具有鲜明的整体性、层次性、严谨性特征，初步形成一个比较完整的理论构架，从而把中国特色社会主义理论体系推进到新的境界。

另一方面，"中国梦"进一步推进了中国特色社会主义理论的大众化。推进中国特色社会主义理论大众化，实现话语表达方式通俗化、生活化，是使广大人民群众在思想、情感上认同和接受中国特色社会主义理论的关键环节。"中国梦"以及同它密切联系的如中国道路、中国精神、中国力量等话语表达方式大众化，拥有清晰的理念和亲和的风格，打通了学术话语与政治话语、民间话语与官方话语、中国话语与外国话语之间的隐性阻隔，立刻受到广大人民群众的普遍认同，同时也受到国际社会的广泛赞同和热烈回应。

（2）"中国梦"升华了中国共产党的执政理念

"中国梦"的提出，不仅极大丰富了中国特色社会主义的理论内涵，而且也极大地升华了我们党的执政理念，使党的执政目标、执政宗旨、执政路径又升华到了一个新的境界。

首先，"中国梦"承载着党的执政目标。习近平总书记提出，"实现中华民族伟大复兴的中国梦，就是要实现国家富强、民族振兴、人民幸福"。实现"中国梦"的三大追求，分别从历史责任感、民族使命感和民生关爱感上显示了中国共产党以国家、民族和人民的利益作为自己矢志不渝的奋斗目标及努力方向，表明了中国共产党勇于担当的强烈责任意识和为中华崛起奋斗不止的坚强意志，体现了马克思主义执政党光明正义的政治品格、高瞻远瞩的战略眼光、求真务实的踏实作风、牢不可摧的刚强决心。

其次，"中国梦"集中体现了党的执政宗旨。习近平总书记强调："中国梦归根到底是人民的梦"，这一论述，实际上深化了党的执政宗旨，回答了为谁执政的问题。同时，在实现"中国梦"的实践中，中国共产党强调要实现人民幸福，让"生活在我们伟大祖国和伟大时代的中国人民，共同享有人生出彩的机会，共同享有同祖国和时代一起成长与进步的机会"。这也是对全党更好地践行党的宗旨、实现人民幸福的具体要求。

再次，"中国梦"使党的执政路径更加清晰。习近平总书记提出："实现中国梦必须走中国道路，必须弘扬中国精神，必须凝聚中国力量。"中国梦的提出，第一次把中国道路、中国精神和中国力量三大要素有机统一起来，使之成为实现中华民族伟大复兴的三个关键要素，这一思想极大地丰富了我们党关于"道路自信、理论自信、制度自信"的思想，进一步完善和拓展了党的执政遵循和执政原则，使党的执政路径更加清晰。

（3）"中国梦"彰显了中华民族的共同理想

"中国梦"不是一般意义上的梦想，而是一种特定的、整体性的思想意识和目标指向，是思想意识和目标指向的高度融合统一，是中华民族正在万众一心、努力奋斗的共同理想。

首先，"中国梦"进一步呈现了中华民族伟大复兴的宏伟蓝图。习近平总书记在阐述"中国梦"时提出了两个百年的目标。一个是到中国共产党成立100年时全面建成小康社会，另一个是到新中国成立100年时建成富强民主文明和谐的社会主义现代化国家。这两个百年的奋斗目标，勾勒出了中华民族伟大复兴的宏伟蓝图，成为实现"中国梦"的里程碑式的标志。

其次，"中国梦"进一步凝聚了中华民族的整体力量。"中国梦"最大限度地兼顾和包容了各族人民的根本利益，让各个阶层、各个领域、各个方面的群众，都能从民族复兴的光明前景中看到自身利益所在，都能从国家富强、民族振兴中实现自身的幸福生活，从而有利于把全国人民更好地凝结成"利益共同体"和"命运共同体"，焕发出实现共同理想、共同目标、共同事业所需的强大凝聚力。

再次，"中国梦"进一步激发了中华民族奋斗的勇气和力量。"中国梦"的提出，描绘了民族复兴的光明前景，表达了中华民族万众一心、努力奋斗的共同理想，并给当代中国社会和中国人民树立了一个既有憧憬有超越又看得见摸得着的目标，必将激发全党全国人民投身中国特色社会主义伟大事业的壮志豪情，激发人们继续奋斗的勇气和力量。因为民族的梦与个人的梦不仅相关，而且路径相同。唯有发扬艰苦奋斗、脚踏实地、实干兴邦的奋斗精神，中国梦才能实现。

2．"四个全面"战略布局

2012 年 11 月，以习近平同志为总书记的党中央接过历史的接力棒，在新中国成立以来党和人民接续奋斗的基础上，继续在中国特色社会主义道路上谋划民族复兴的伟大事业，续写这无上的光荣。国家博物馆，《复兴之路》展览中思接千载，追寻中国梦；深圳莲花山，邓小平铜像前再展宏图，激荡改革潮。纪念"八二宪法"颁行，重申依宪治国、依法执政，塑造法治魂；力行八项规定，以上率下，言出必果，坚守生命线……履新第一个月，起笔落墨之际，前进航标已然确立。两年多来，从党的十八大强调"全面建成小康社会"，到党的十八届三中全会部署"全面深化改革"，再到党的十八届四中全会要求"全面依法治国"、党的群众路线教育实践活动总结大会宣示"全面从严治党"，"四个全面"战略布局清晰展现。

习近平总书记坚持问题导向和科学思维，以当代中国共产党人的全局视野和战略眼光，坚定中国自信、立足中国实际、总结中国经验、针对中国难题，提出"四个全面"战略布局。这"四个全面"，是从我国发展现实需要中得出来的，是从人民群众的热切期待中得出来的，是为推动解决我们面临的突出矛盾和问题提出来的，立足治国理政全局，抓住改革发展稳定关键，统领中国发展总纲，确立了新形势下党和国家各项工作的战略方向、重点领域、主攻目标。

第一次将全面建成小康社会定位为"实现中华民族伟大复兴中国梦的关键一步"；第一次将全面深化改革的总目标确定为"完善和发展中国特色社会主义制度、推进国家治理体系和治理能力现代化"；第一次将全面依法治国论述为全面深化改革的"姊妹篇"，形成"鸟之两翼、车之双轮"；第一次为全面从严治党标定路径，要求"增强从严治党的系统性、预见性、创造性、实效性"，锻造我们事业更加坚强的领导核心。每一个"全面"都是一整套结合实际、继往开来、勇于创新、独具特色的系统思想，闪耀着辩证唯物主义和历史唯物主义的理论光辉。"四个全面"相辅相成、相互促进、相得益彰，是我们党治国理政方略与时俱进的新创造、马克思主义与中国实践相结合的新飞跃。

马克思说："理论在一个国家实现的程度，总是决定于理论满足这个国家的需要的程度。""四个全面"战略思想和战略布局，正是中国"发展起来以后"，更加注重发展和治理系统性、整体性、协同性的必然选择。两年多来，统筹改革发展稳定，各项举措力度空前，经济发展进入新常态；推进依法治国、依法执政、依法行政，社会主义法治体系建设破局开篇，公平正义成为全面建成小康社会的重要着眼点；推进治党治国治军，反腐倡廉纯洁队伍，正风肃纪凝聚人心；运筹内政外交国防，中国梦与亚太梦、世界梦同频共振……短短两年多时间，科学统筹、协调推进重大决策部署，让局面为之而变、气象为之而新、民心为之而振。事实充分证明，"四个全面"是坚持和发展中国特色社会主义道路、理论、制度的战略抓手。

"既要注重总体谋划，又要注重牵住'牛鼻子'。"2015年中央政治局第一次集体学习，习近平总书记对辩证唯物主义基本原理和方法论的阐述，也是对"四个全面"战略布局哲学基础的揭示。"四个全面"，既有目标又有举措，既有全局又有重点，每一个"全面"都具有重大战略意义。发展是时代的主题和世界各国的共同追求，改革是社会进步的动力和时代潮流，法治是国家治理体系和治理能力现代化的重要保障，从严治党是执政党加强自身建设的必然要求。四者不是简单并列关系，而是有机联系、相互贯通的顶层设计。建成小康社会、焕发改革精神、增强法治观念、落实从严治党，"四个全面"的主线，勾绘出的是社会主义中国的未来图景。

很多时候，只有站在历史的峰峦之上，才能更清晰地洞察时代风云，更准确地把握前进方向。90多年来，从领导新民主主义革命、社会主义革命和建设，为当代中国一切发展进步奠定基础；到确定改革开放这一决定当代中国命运的关键一招，开辟中国特色社会主义广阔道路，几代共产党人接力探索的过程，如此艰辛，也如此壮阔。"四个全面"的关键就在于坚持中国道路、增创中国优势。这一战略布局，统一于民族复兴的伟大梦想，统一于中国特色社会主义伟大事业，统一于党的建设新的伟大工程，统一于我们正在进行的具有许多新的历史特点的伟大斗争。它兼顾中国特色和世界潮流，体现中国与世界的深刻互动，深化了对共产党执政规律、社会主义建设规律、人类社会发展规律的认识，是中国和中国人民阔步走向未来的关键抉择。

习近平总书记"四个全面"战略布局的提出，使党和国家事业的战略方向、重点领域、主攻目标更加清晰，内在逻辑更加严密。"四个全面"既是重大的战略布局，也体现治国理政的重要战略思想，为中国特色社会主义理论体系注入了新的内涵。

"四个全面"之思想脉络，是开辟中国道路新境界。党的十八大以来，以习近平同志为总书记的党中央敏锐把握我国经济社会发展的阶段特征和历史变化，科学分析党和国家事业发展面临的机遇和挑战，生动描绘了实现中华民族伟大复兴中国梦的宏伟蓝图，极大鼓舞了亿万中国人民的奋斗激情。

"四个全面"战略布局，有一个逐步提出和成型的过程。党的十六大提出"全面建设惠及十几亿人口的更高水平的小康社会"；党的十七大在十六大确立的全面建设小康社会目标的基础上对我国发展提出新的更高要求。党的十八大则提出全面建成小康社会和全面深化改革开放的目标。党的十八届三中全会，习近平总书记在《关于〈中共中央关于全面深化改革若干重大问题的决定〉的说明》中，提出《中共中央关于全面深化改革若干重大问题的决定》的起草体现了"全面建成小康社会、全面深化改革、全面推进依法治国这'三个全面'的逻辑联系"。2014 年 12 月，习近平总书记在江苏考察调研时提出："要全面贯彻党的十八大和十八届三中、四中全会精神，落实中央经济工作会议精神，主动把握和积极适应经济发展新常态，协调推进全面建成小康社会、全面深化改革、全面推进依法治国、全面从严治党，推动改革开放和社会主义现代化建设迈上新台阶。"

强调"四个全面"协调推进，这在我们党的历史上是第一次，深刻表明我们党不断坚持和发展中国特色社会主义的历史自觉，彰显了马克思主义执政党勇于开拓创新的理论品质，必将开辟中国道路新境界，成为当代中国新航标，书写改革开放和社会主义现代化建设的新篇章。

"四个全面"之现实逻辑，是拎起了中国发展的总纲。在党中央看来，21 世纪的头 20 年是难得的重要战略机遇期。达到总体小康的目标之后，中国仍然处于可以大有作为的重要战略机遇期，这个判断并未改变，但是其内涵和条件正在发生变化。这种新变化集中体现为，在更高的发展起点上，发展机遇前所未有，风险挑战前所未有。

"四个全面"在这个时候提出，从坚定中国自信、立足中国实际、总结中国经验、针对中国难题的高度，廓清了治国理政的全貌，抓住了改革发展稳定的关键，拎起了中国发展的总纲，确立了党和国家各项工作的主要矛盾、重点领域、主攻方向。

全面建成小康在本质上是发展的问题，经济进入新常态之后，这个发展的主要内涵，是提质增效、促进人的全面自由发展。"经济持续健康发展，人民民主不断扩大，文化软实力显著增强，人民生活水平全面提高，资源节约型、环境友好型社会建设取得重大进展……"从"奔小康"到"全面建成小康社会"，党的十八大描绘出全面建成小康社会的清晰图景。小康梦的升级版，为中国梦注入更多实实在在、鼓舞人心的内容。"国家好，民族好，大家才会好"与"大家好，民族好，国家才会好"相互激荡，从最贴近民心的角度激发起全面小康的无尽动力。

全面深化改革，开启了生产力、创造力和社会活力迸发的闸门，如何让这喷薄的洪流奔涌在既定的河道？正如习近平总书记在《关于〈中共中央关于全面推进依法治国若干重大问题的决定〉的说明》中所介绍的，党的十八届三中全会后，中央就开始着手研究和考虑党的十八届四中全会的议题。党的十八大提出了全面建成小康社会的奋斗目标，党的十八届三中全会对全面深化改革作出了顶层设计，实现这个奋斗目标，落实这个顶层设计，需要从法治上提供可靠保障。

"建设中国特色社会主义法治体系，建设社会主义法治国家"，党的十八届四中全会制定出全面推进依法治国的总蓝图，成为中共党史上第一次专门研究法治建设的中央全会。法律是治国之重器，法治是国家治理体系和治理能力的重要依托。全面推进依法治国，有利于解决党和国家事业发展面临的一系列重大问题，是解放和增强社会活力、促进社会公平正义、维护社会和谐稳定、确保党和国家长治久安的根本要求。要推动我国经济社会持续健康发展，不断开拓中国特色社会主义事业更加广阔的发展前景，就必须全面推进社会主义法治国家建设，从法治上为解决这些问题提供制度化方案。

从严治党始终是我们党的自身要求，习近平总书记在我党90多年历史上首次提出"全面从严治党"，有其深刻的时代背景。党的十八大以来，以八项规定为肇始，以作风建设为突破口，以教育实践活动为深入拓展，以重拳反腐为强劲动力，全面从严治党的战略思想在实践中不断成熟。习近平总书记强调，新形势下坚持从严治党，就是要落实从严治党责任，坚持思想建党和制度治党紧密结合，严肃党内政治生活，从严管理干部，持续深入改进作风，严明党的纪律，发挥人民监督作用，深入把握从严治党规律。全面从严治党，核心问题是始终保持党同人民群众的血肉联系，始终保持党的先进性和纯洁性，重点是从严治吏、正风反腐、严明党纪，目标是增强自我净化、自我完善、自我革新、自我提高能力，确保党始终成为中国特色社会主义事业的坚强领导核心。

"四个全面"之重要意义，是马克思主义中国化的新飞跃。通观"四个全面"战略布局，发展是时代的主题和世界各国的共同追求，改革是社会进步的动力和时代潮流，法治是国家治理体系和治理能力现代化的重要依托，从严治党是执政党加强自身建设的现实要求。

从"摸着石头过河"到顶层设计，从单兵突进到全面统筹，从"四个现代化"到"第五个现代化"和"五位一体"……在当代中国的伟大实践中，沿着"什么是马克思主义、怎样对待马克思主义；建设什么样的社会主义、怎样建设社会主义；建设什么样的党、怎样建设党；实现什么样的发展、怎样发展"的思想脉络，我们党对民族复兴道路上的重大理论和实践问题认识不断深入。"四个全面"彰显了马克思主义与时俱进的理论品质，是最新科学社会主义观一系列基本理论观点的总概括，是中国共产党人坚定不移地坚持马克思主义的基本理论和基本信仰、继承党的思想理论建设优良传统的必然成果，是我们实现中国梦的共同思想基础，是我们从胜利走向新胜利的行动指南。它统一于党治国理政的伟大实践，统一于中国与世界的深刻互动，兼顾中国特色和世界潮流。它深化了对共产党执政规律、社会主义建设规律、人类社会发展规律的认识，是我们党把马克思主义基本原理和中国实际相结合的又一次重大突破。

今天的中国，"四个全面"正是我们党坚持和完善中国特色社会主义道路，回应时代关切、实现人民福祉、建设现代中国的基本方略。协调推进"四个全面"，把伟大梦想、伟大事业、伟大工程统一于造福人民的伟大实践，中华民族的光荣与梦想一定能够实现。

3. "三严三实"

党的十八大以来，以习近平同志为总书记的新一届党中央，高度重视领导干部的作风建设。2014 年 3 月 9 日，在十二届全国人大二次会议安徽代表团参加审议时，习近平总书记对各级领导干部提出"既严以修身、严以用权、严以律己，又谋事要实、创业要实、做人要实"的要求。此后，习近平进一步指出，"三严三实"要求是共产党人最基本的政治品格和做人准则，也是党员、干部的修身之本、为政之道、成事之要。"三严三实"的要求，抓住了党员干部做人从政的根本，明确了干事创业的准则，划定了为官律己的红线，是中央对党员领导干部作风建设提出的新要求，为干部加强修养、改进作风、健康成长指明了方向。

（1）"三严"高度凝炼了领导干部的政治品德

严以修身，就是要加强党性修养，坚定理想信念，提升道德境界，追求高尚情操，自觉远离低级趣味，自觉抵制歪风邪气。领导干部严以修身，"严"在修养党性，讲理想、讲道德、讲情操，展现的是共产党人的高风亮节。严以修身的关键是加强道德修养、坚定理想信念。"四风"问题、不敢开展批评和自我批评，根子都在信仰迷茫、精神迷失。"钙"失则神散，"钙"足则志笃。有了坚定的理想信念，就能做到"石可破不可夺坚，丹可磨不可夺赤"。党员干部不管走多远都不能忘了共产党人为什么而出发，不管遇到什么困难都不能丢掉共产党人的灵魂，必须自觉加强党性修养、增强政治定力，铸牢理想信念这个"主心骨"，使道路自信、理论自信、制度自信真正刻骨铭心。

严以用权，就是要坚持用权为民，按规则、按制度行使权力，把权力关进制度的笼子里，任何时候都不搞特权、不以权谋私。领导干部严以用权，"严"在秉公为民，把握尺度，不擅权、不谋私，坚持的是共产党人的政治立场。党员领导干部手中的权力不是天然拥有，而是人民赋予，受托的权力只能造福于民，绝不能用权谋私。领导就是服务，权力就是责任，公仆就是奉献，这是党员领导干部严以用权的重要思想基础和实践前提，也是党员领导干部用权必须遵循的思想原则。用权实践表明，只有坚持权力的人民性质，权力才能发挥出服务功能，掌握权力的人才会感受到责任的重大，接受人民监督才会成为自觉。党员干部要守纪律、讲规矩，讲原则、守底线，不为私利所困，不为私情所惑，真正做到一身正气、两袖清风，堂堂正正做人、干干净净用权。

严以律己，就是要心存敬畏、手握戒尺，慎独慎微、勤于自省，遵守党纪国法，做到为政清廉。领导干部严以律己，"严"在敬畏人民，敬畏党纪国法，核心是自重、自警、自醒，清正廉洁。党的先进性质和领导干部的公仆角色，决定了在党为官之人对人民要始终有敬畏感，永远不忘根本、不忘初衷、不忘使命；对党纪国法要始终有敬畏感，恪守对组织的忠诚，坚守原则和底线，不违规不逾矩，严格遵守各项规定，勤政廉政，廉洁自律，任何情况下都要稳住心神、管住行为、守住清白。

（2）"三实"精准概括了领导干部的政治职责

谋事要实，就是要从实际出发谋划事业和工作，使点子、政策、方案符合实际情况、符合客观规律、符合科学精神，不好高骛远，不脱离实际。这就要求领导干部理论联系实际，密切联系群众，坚持实地调查研究，确保看到的是实情，听到的是真话，取到的是"真经"。这就要求领导干部尊重客观规律，符合科学精神。任何事物的发展都有其固有的规律，只有认识、遵循和运用规律，才能在认识世界和改造世界中获得成功。这就要求领导干部进一步解放思想，用科学的眼光审视既有的思路和措施，以科学的标准衡量发展的成就和问题，使各项决策与发展建立在科学的基础上。

创业要实，就是要脚踏实地、真抓实干，敢于担当责任，勇于直面矛盾，善于解决问题，努力创造经得起实践、人民、历史检验的实绩。中国共产党领导的中国特色社会主义事业是闯出来的，事业的发展也是干出来的。以往的实践证明：一切难题，只有在实干中才能破解；一切机遇，只有在实干中才能把握；一切愿景，只有在实干中才能实现。同时，党和人民开创的事业是一项代代接续、传承奋斗的宏大工程，领导干部作为骨干力量，需要立足现实，站位全局，放眼未来，摆脱名利束缚，避免急功近利，扎扎实实地做好功在当代、利在千秋的事情，对人民负责，对历史负责。

做人要实，就是要对党、对组织、对人民、对同志忠诚老实，做老实人、说老实话、干老实事，襟怀坦白，公道正派。老实做人、做老实人，是共产党员先进性的内在要求，是领导干部"官德"的外在表现。周恩来同志说过："世界上最聪明的人是最老实的人，因为只有老实人才能经得起事实的历史的考验。"做人要实的本质是忠诚老实、言行一致。所谓"忠诚老实"，就是要襟怀坦白，光明磊落，忠于党，忠于祖国，忠于人民，在政治上、思想上、行动上同党中央保持高度一致。所谓"言行一致"，就是要对党、对组织、对同志讲真话、讲实话、讲心里话，就是要言必行、行必果，以行动验证表态、用实践兑现承诺。

（3）开展"三严三实"专题教育是加强党的思想政治建设和作风建设的重要举措

2015年4月10日，中共中央办公厅印发了《关于在县处级以上领导干部中开展"三严三实"专题教育方案》，决定在各级党政机关、人民团体及其内设机构县处级以上领导干部和事业单位、国有企业中层以上领导人员中开展"三严三实"专题教育。开展专题教育，目的是推动领导干部自觉践行"三严三实"，在深化"四风"整治、巩固和拓展党的群众路线教育实践活动成果上见实效，在守纪律讲规矩、营造良好政治生态上见实效，在真抓实干、推动改革发展稳定上见实效。

中央要求对照"严以修身、严以用权、严以律己，谋事要实、创业要实、做人要实"的要求，聚焦对党忠诚、个人干净、敢于担当，着力解决"不严不实"问题，切实增强践行"三严三实"要求的思想自觉和行动自觉。刘云山在"三严三实"专题教育工作座谈会上指出，"三严三实"专题教育不是一次活动，要把专题教育融入经常性学习教育之中。开展专题教育，要把学习教育放在首位，着眼于坚定理想信念、强化党性观念、增强实干精神，深入学习习近平总书记系列重要讲话，学习党章和党的纪律规定，组织好专题党课、专题学习研讨、专题民主生活会和组织生活会，把严和实的要求立起来、树起来。教育是为了解决问题，要紧密联系思想和工作实际，对照正反两方面典型，着力解决"不严不实"的突出问题，强化整改落实和立规执纪，以解决问题的成果检验专题教育的成效。

以习近平同志为总书记的新一届中央领导集体，旗帜鲜明、励精图治、真抓实干，推新政、树新风、开新局，赢得了全党全国各族人民的衷心赞誉和拥护。在全面推进党的建设新的伟大工程中，习近平总书记强调"打铁还需自身硬"，把作风建设作为突破口，以踏石留印、抓铁有痕的劲头抓作风建设。中央作出改进工作作风、密切联系群众的"八项规定"，从中央政治局带头做起。在全党深入开展以为民务实清廉为主要内容的群众路线教育实践活动，聚焦"四风"，着力解决人民群众反映强烈的突出问题。"三严三实"专题教育活动的开展，进一步显示我们党在作风建设上一鼓作气、一抓到底的决心和恒心。这一系列从严治党、强化作风建设的重大举措，必将有力地促进党的建设，提振全党精气神，形成全党全社会的新风气。

五

马克思主义理论学科期刊存在的
问题与建议

（一）马克思主义理论学科期刊存在的问题

马克思主义理论学科期刊是开展马克思主义理论学术交流的平台，是传播马克思主义理论创新成果的重要载体。作为党的重要思想理论阵地，马克思主义理论学科期刊对于坚持和巩固马克思主义在社会意识领域的指导地位，具有特殊的意义和作用。自 2005 年马克思主义理论一级学科设立以来，马克思主义理论学科期刊建设取得较大进展，但是，通过对马克思主义理论学科期刊 2009—2013 年具体表现的初步分析，也发现其中存在诸如问题导向不强、标志性期刊不多等一些矛盾和问题，需要努力加以克服和解决。

1. 学术性与政治性统一性不强

马克思主义研究不是封闭的、脱离现实的书斋中的学问。和其他人文社会科学学科相比，马克思主义理论学科具有非常突出而鲜明的政治性，正是这一特殊性与该学科热点的形成构成紧密关联，决定了该学科热点形成的逻辑和特征。从 2009—2013 年关注的热点看，马克思主义理论学科期刊普遍表现出对政治性的高度自觉，刊发了一批政治立场坚定的文章，在传播先进文化，弘扬社会正气，以正确的世界观、人生观和价值观影响社会，推进马克思主义中国化、时代化、大众化，激发马克思主义理论研究的生机和活力方面发挥了重要作用。

但是学术性与政治性的统一在实践过程中仍然存在着一定程度的偏差，不容忽视。比如，有的学术期刊在办刊过程中较多地专注于学术性，片面强调学术质量，回避或忽视政治性，认为强调政治性就会弱化学术性，不愿介入政治性话题的讨论，这就在一定程度上模糊或弱化了学术期刊的政治立场。与之相对立的是，有的学术期刊由于较多地注意论文的政治方向和政治立场，在一定程度上放松和降低了对论文学术质量的基本要求，导致刊载的论文学术水平较差，刊物质量下降。

总的看来，问题的实质是将学术性与政治性对立或割裂开来，没有很好实现两者的统一。学术性是马克思主义理论学科期刊的一般特性，马克思主义理论的表达必须以学术话语为基本形式。但是，对学术性的坚持不是拒斥政治性的根据和理由；对政治性的坚持也不是对学术性的拒斥，必须与学术性的坚持联系起来并以之为基础而不是相反。如果只是片面地注重政治性，忽视学术性，就可能导致政治性对学术性的遮蔽或替代，从而在思想空间中自我弱化甚至丧失话语权。如何更好地将学术性与政治性统一起来，是马克思主义理论学科期刊需要深刻反思和总结的首要问题。

2. 重大理论和现实问题的研究导向不明确

在充分肯定马克思主义理论学科期刊对马克思主义经典理论和中国特色社会主义重大问题给予高度关注的基础上，必须承认的是，在阐释和回应马克思主义基础理论及其传播中遭遇的问题方面，在回答和解决当前中国特色社会主义重大理论和现实问题、服务和推动社会主义现代化建设方面，马克思主义理论学科期刊的正确发声比较微弱，马克思主义理论学科期刊的优势和独特功能尚未完全彰显。由此导致的结果是，马克思主义理论学科期刊刊发的马克思主义理论研究论文，在数量与质量之间并没有呈现出显著的正相关的关系，学术原创水准不高，有思想的原创成果更是少之又少，低水平重复的论文并不鲜见，对马克思主义的学术发展和中国特色社会主义的实践发展贡献严重不足。

上述问题的形成有两个原因不可忽视。

一是马克思主义理论学科期刊在学术评价和学术导向上的责任感有所缺失。随着改革开放的逐步深入，诸如马克思主义国家学说、马克思主义劳动价值论和剩余价值论、马克思主义社会形态理论，以及人民民主与人民专政的关系等问题迫切需要进行阐释与说明，以论证马克思主义基本原理的科学性和当代价值；诸如历史虚无主义、新自由主义、政治儒学等一系列政治思潮迫切需要阐明其政治目的和错误根源，以巩固全党全国人民团结奋斗的共同思想基础；诸如社会主义与市场经济的结合、党的领导与依法治国的关系等一系列重大理论和现实问题迫切需要深入思考和讨论，以回应坚持和发展中国特色社会主义的实践要求。

二是马克思主义理论学科期刊在学术表达空间的建设和学术讨论氛围的营造上缺乏深入思考。比如，学术争鸣对强化问题意识、澄清疑惑、推动问题研究的深入具有特殊的意义与价值。但是，总体而言，在马克思主义理论学科期刊中，争论性论文的刊发是散落着的、随机性的，不同观点之间的商榷文章很少出现在同一期刊中。随着社会意识活跃度越来越高，马克思主义理论学科期刊理应开辟和提供更为广阔的表达空间，但遗憾的是，设置"学术争鸣"这一类栏目的很少，即使是设有这类栏目的期刊，也存在着学术争鸣的尺度和底限把握不当的问题。

3. 马克思主义理论学科建设推力不足

与马克思主义理论研究事业相比，马克思主义理论学科成立时间不长，正处于规范和完善的阶段。在推动马克思主义理论学科建设方面，马克思主义理论学科期刊虽然做出了一定的努力和探索，但存在明显的不足，仍有很大的拓展空间。具体而言，主要表现在以下两个方面。

一是在学科定位和研究方向方面。作为新设立的一级学科，马克思主义理论学科如果没有明确的学科定位，没有独特的研究对象，没有自身的鲜明特色，没有实践中的独特作用，也就没有独立开设与发展的需要。马克思主义理论学科的研究对象、各二级学科的研究方向以及相互之间的关系等一系列自身建设问题迫切需要厘清和阐明。《思想理论教育导刊》最近几年持续关注马克思主义理论的整体性研究，作出了自身的努力。但与之形成鲜明反差的是，一些马克思主义理论学科期刊很少关注甚至并没有将之纳入关注的视野。

二是在培养青年理论研究人才队伍方面。马克思主义理论学科期刊负有培养高水平马克思主义理论研究人才的责任和使命。有的学术期刊如《江海学刊》通过设置原创论坛，鼓励和扶持青年学者，受到学术界的广泛好评。但是，为了提升自身的学术影响，也受到一些片面评价标准的影响，许多学术期刊特别注重发表学术名家和拥有教授、博士生导师职称和头衔的学者的论文。这种做法虽然无可厚非，但是往往忽略了对优秀青年学者的发现和支持。更值得提出的是，有的学术期刊甚至在职称、学位等方面，对于青年学者设置限制门槛，从长远看，这既不利于青年学者的成长发展，也不利于学术的传承和创新。从总体上看，马克思主义理论学科期刊缺乏良好的关注和培养青年理论研究人才的机制，尚没有形成高度的自觉。

4. 同质化现象严重

同质化问题是人文社会科学期刊普遍存在的一个突出问题。总体上，多数马克思主义理论学科期刊在办刊思路和选题取向等方面形成了一定的传统，吸引和拥有了较为稳定的读者和作者群体。比如，有着半个多世纪办刊史的《教学与研究》，无论是读者还是作者对其都有特殊的印象。但是，马克思主义理论学科期刊中同质化问题不同程度的存在，仍然值得引起高度重视。

概括而言，马克思主义理论学科期刊的同质化现象主要表现在栏目设置、论文选题、学术观点、论述方式和传播方式等方面。有的学术期刊栏目设置大体相同，选题重复，观点大同小异，传播方式极为相似，导致个性特征模糊，特色不鲜明。这种状况不仅造成学术成果的低水平重复生产，而且在一定程度上阻碍了学术创新的步伐，降低了学术质量，从而使期刊的学术影响力大打折扣。

学术期刊同质化现象的出现，是综合因素共同作用的结果。其中，既有期刊管理体制等外部因素的影响，也有期刊决策者和生产者等内部因素的作用。就马克思主义理论学科期刊而言，微观因素是值得展开分析的重要方面。有的马克思主义理论学科期刊由于过度追求综合性和全面性，发文大杂烩，缺乏对亮点的提取和经营。个别马克思主义理论学科期刊不仅缺乏事业心而且职业精神不足，提升自我彰显特色的热情和动力很低。从根本上来说，同质化问题折射出的是，有的马克思主义理论学科期刊一直奉行的是职业本位而非事业本位，始终坚持的是作者本位而非读者本位。

5. 自身管理与建设问题比较突出

一是个别马克思主义理论学科期刊在一定程度上存在人情稿、关系稿等违反职业道德的行为。受市场因素的影响，有的马克思主义理论学科期刊在用稿上采取双重标准，刊发了一些关系稿和人情稿。稿件良莠不齐现象不同程度的存在，不仅直接伤害了期刊的学术形象，而且也严重挫伤了那些埋首科研学者的学术积极性。在一定意义上，马克思主义理论学科期刊是马克思主义理论研究界的一面镜子。刊发学术质量不过关的学术论文，不仅不能有效承担引领学术健康发展的学术责任，也会破坏马克思主义理论研究的生态环境。

二是少数马克思主义理论学科期刊自身管理和编辑素质有待完善和提高。有的学术期刊相关管理制度不健全，管理不规范，尤其不重视评审制度建设，没有实现匿名评审、多级审稿（编辑部初审、副主编及外审专家复审、主编终审）等，难以保证评审的客观公正。少数主编心存门户之见，缺乏包容精神；有"山头主义"、"圈子文化"特征；少数编辑事业心和责任感不强，职业道德水准不高，专业水平和编辑水平不过关。在有的马克思主义理论学科期刊所刊发的论文中，关键词和内容提要并没有准确反映论文所指向的核心问题或论文的基本论点，特别典型地说明了这个问题。

三是在肯定"自留地"、"小圈子"现象具有一定积极作用的同时，少数马克思主义理论学科期刊中"自留地"、"小圈子"和"一女多嫁"现象呈现出消极性的学术影响。马克思主义理论学科期刊的"自留地"比重为9.49%，在23个人文社会科学学科中位列第10位，这虽然证明该学科期刊的"自留地"现象不明显，但有的单位科研成果甚至几乎全部发表在自己主办的刊物上。比如，四川省社会科学院马克思主义理论学科方面的论文94.52%发表在自己主办的《毛泽东思想研究》上，哈尔滨理工大学马克思主义理论学科方面的论文95.95%发表在自己主办的《思想政治教育研究》上。

四是大多数期刊信息化建设水平有待提升。从整体上看，马克思主义理论学科期刊独立网站建设情况不佳。在马克思主义理论学科14种期刊中，仅《求是》、《教学与研究》、《思想政治教育研究》和《中国特色社会主义研究》4家期刊有独立网站，并在网站上开放获取全部论文。比较而言，马克思主义理论学科14种期刊微博和微信公众账号建设情况更差，只有《求是》和《国外理论动态》设有微博，《求是》设有微信公众账号。另外，有的学术期刊虽建有独立网站，但内容更新不够及时；有的期刊的在线稿件处理系统不够完整，没有实现刊网合一。

6. 期刊数量与学科地位不协调

截至 2015 年 5 月，全国高校马克思主义理论学科点有 325 个。① 与如此庞大的马克思主义理论研究队伍相比，马克思主义理论学科期刊的数量总体上相对较少。并且，该学科期刊空间分布相对不平衡，主要集中在北京、上海等地；马克思主义理论六个二级学科也缺少各自相关学术期刊的支撑。由于人文社会科学学术期刊普遍在朝着综合性方向发展，各综合性学科期刊往往压缩各学科发表文章的比例，马克思主义理论学科的发文数量也受到明显限制，在综合性学科期刊上发表的数量不多。

当前，为了缓解期刊数量较少制约马克思主义理论学科发展的困难，少数高校出于高度的责任感和使命感，和相关出版社合作，通过以书代刊的方式编辑出版马克思主义理论研究论文。代表性的有《北大马克思主义研究》、《马克思主义理论学科研究》、《哲学与社会》等。这些集刊经过数年的努力，在马克思主义理论研究界已经产生了较大的影响力，站稳了脚跟。但是由于这些集刊没有正式刊号，只能依托出版社出版，在学术传播上仍受到很多限制。

（二）加强马克思主义理论学科期刊建设的建议

在这个变革的时代，马克思主义理论学科期刊要更好地成为马克思主义理论研究的组织者和推动者，更好地承担起丰富和发展马克思主义的学术使命，更好地承担思想与现实相互靠近的学术使命，就必须怀着强烈的责任感和使命感，进一步强化问题导向、拓展学术视野，以更加积极的姿态关注重大理论和现实问题，强化比较和对话，不断探索繁荣和发展马克思主义理论研究的实践路径和实现方式，有力推动马克思主义理论研究事业和中国特色社会主义事业的健康发展。

1. 强化学术性与政治性的统一

作为党的重要思想理论阵地，马克思主义理论学科期刊需要始终坚持

---

① 教育部：《全国高校马克思主义理论学科点名单》，2015 年 5 月。http：//www. moe. gov. cn/publicfiles/business/htmlfiles/moe/A13_ sjhj/201505/187035. html。

正确的政治立场，在学术界"政治淡出，学术凸显"的背景下，强调这一点具有特别重要的意义。对于马克思主义理论学科期刊而言，只有首先解决好学术性与政治性相统一的问题，实现学术本分和政治本分的统一，才能为鼓励学术创新、引导学术发展、促进学术繁荣，奠定良好的前提和基础。

第一，坚持将价值性与科学性统一起来。对于马克思主义理论学科期刊而言，价值性的表达必须以科学性为基础，这是将学术性与政治性统一起来必须贯彻和坚持的一个基本原则。马克思主义理论学科期刊的价值性只有与科学性有机统一起来，占领价值制高点的努力才能拥有牢固而坚实的基础。在重大的理论和现实问题面前，马克思主义理论学科期刊需要始终坚持马克思主义立场、观点和方法，始终保持清醒和理性的科学态度。如果只片面地注重科学性，强调所谓的"价值中立"，或者只片面注重"政治正确"，轻视科学性的论证，都可能使价值性与科学性对立或者割裂开来，难以实现推动中国社会健康发展的政治本分。

第二，坚持将问题意识与建构意识统一起来。在学术话语框架中实现问题意识和建构意识的统一，这是将学术性与政治性统一起来必须贯彻和坚持的又一个基本原则。坚持政治性与强化问题意识不仅不是对立的而且是内在联系在一起的，如果简单地将政治性与肯定性阐释和叙述划上等号，是对政治性的片面认识，有的马克思主义理论学科期刊要克服将强化问题意识等同于忽视和背离政治性的错误思维方式。只有依托问题意识的强烈表达，运用学术话语在分析问题的同时探索解决问题的思路和方法，才既可以克服片面强调政治性和肯定性阐释而造成学术性和批判性双重弱化的问题，也可以克服片面注重批判性而忽视建构性的问题，政治性的表达才会更有感染力和号召力。

2. 积极推动重大理论和现实问题的讨论和研究

（1）进一步强化问题意识和问题导向，拓展重大理论和现实问题的讨论空间

当前，在改革发展处于关键历史时期的条件下，各种社会思潮相互激荡，新自由主义、民主社会主义、历史虚无主义和政治儒学等思潮的政治诉求日益强化，意识形态领域存在着尖锐而复杂的激烈斗争。马克思主义理论学科期刊必须进一步强化问题意识和问题导向，高度关注重大理论和

现实问题。要坚持马克思主义立场观点方法，坚持马克思主义真理观和价值观的统一，正确提炼和把握中国特色社会主义事业发展过程中重大的真问题，不能将假问题视为真问题，也不能将小问题判断为大问题。在关涉中国未来和前途命运的重大问题讨论中要敢于交锋，明辨是非，既不能缺席，严重失语，也不能丧失立场，顾左右而言他。

在拓展重大理论和现实问题的讨论空间方面，要通过选题方向的设置和提醒，加强学术争鸣栏目建设，引导广大学者深入挖掘和思考，开辟更为广阔的思考空间。要注重加强交流平台的建设。《中国社会科学》、《马克思主义与现实》、《哲学研究》、《中国人民大学学报》4 家学术期刊联合搭建关于"正义"问题的讨论平台的事例有力说明，作为学术思想汇集、交流和碰撞平台的学术期刊，可以在推动重大理论和现实问题研究中发挥重大而特殊的作用。

（2）积极推动当前若干重大理论和现实问题的深入思考和讨论

当前，我党处于全面深化改革、全面依法治国的关键时期，对于一些基础性和关键性理论必须明辨。马克思主义理论学科期刊必须积极作为，张扬马克思主义的科学性与感召力。

一是关于社会主义道路自信、理论自信和制度自信的问题。道路问题关乎党的命脉，关系国家前途、民族命运和人民幸福；理论问题关乎党的性质，关系国家发展、民族复兴和人民安康；制度问题关乎党的方向，关系国家建设、民族团结和人民幸福。如何增强全党全国各族人民的道路自信、理论自信、制度自信，对于实现"两个一百年"奋斗目标、建成富强民主文明和谐的社会主义现代化国家、实现中华民族伟大复兴的中国梦具有重大意义。加强马克思主义理论学科期刊建设，必须推动各期刊紧紧围绕这个中心任务，服务中心、服务大局。

二是关于人民民主专政的问题。人民民主专政从根本上规定了中国政党制度的核心价值和制度要素，从而形成了与西方政党制度相区别的中国社会主义政党制度，是中国社会主义政党制度确立和发展的重要保证。然而，国家与专政问题是一个被资产阶级学者、作家和哲学家弄得最混乱的问题。在一些人眼中，一提到国家，总是冠以全民的招牌，把资产阶级国家说成是代表全民利益的、超阶级的国家，而把无产阶级国家说成是邪恶的、暴力的、专制的国家；一提到专政，不论是无产阶级专政，还是我国《宪法》规定了的人民民主专政，都不那么喜欢。对于这个关系到我国社会主义前途命运的重大理论和现实问题，需要从理论和现实的角度说清楚，达成共识。

三是历史虚无主义思潮的问题。对我们自己的历史、对民族的文化采取轻蔑的、否定的态度，把自己的历史说得一无是处，当前历史虚无主义思潮甚嚣尘上，主要原因有三：第一是世界社会主义运动处在低潮，第二是对西方和平演变策略的一个响应，第三是对我们改革开放和现代化建设逆向发展的追求。这种思潮具体表现为颂扬改良，否定革命的历史进步性；轻蔑黄土文明，颂扬海洋文明（蓝色文明）的普世价值；颂扬侵略有功，否定中国人民反侵略的救亡斗争；颂扬旧中国，否定中国共产党领导的新民主主义革命、社会主义革命和社会主义建设的成就。集中攻击、诬蔑、抹黑毛泽东也是历史虚无主义的一个重要表现。"欲灭其国必先灭其史"，对于上述错误思想观点，必须澄清是非，还历史以真实面目。

3. 探索推动学科建设的有效路径

马克思主义理论学科期刊应以休戚与共的态度，及时而积极地回应马克思主义理论学科建设的实际需求，探索推动马克思主义理论学科规范和完善的实践路径，为使马克思主义理论学科逐步成长为我国哲学社会科学领域的优势学科贡献自己的力量。

在推动学科定位和研究方向方面，马克思主义理论学科期刊应自觉按照马克思主义理论学科建设的根本要求，不断推进马克思主义理论学科期刊与马克思主义理论学科建设良性互动。马克思主义理论学科是对马克思主义进行整体性研究的学科，整体性问题的讨论是思考马克思主义一级学科立足点和生长点的根本要求。马克思主义理论学科期刊应考虑进一步加强对马克思主义整体性的研究。加强马克思主义理论学科的整体性建设，重点不应放在学科发展的独立性方面，应避免学科发展的自我封闭与理论研究的垄断现象。与此同时，马克思主义理论学科期刊应从学科定位、研究对象、学科特色等方面，考虑加强对马克思主义理论一级学科所属的六个二级学科分门别类的研究，马克思主义一级学科与马克思主义哲学、政治经济学、科学社会主义等学科的关系的研究，推动马克思主义理论学科尽快趋向成熟。

在推动马克思主义理论青年研究人才建设方面，马克思主义理论学科期刊应加强对青年学者的关注。一是广泛设置青年论坛等专栏。马克思主义理论学科期刊应更加关注马克思主义理论研究领域青年学者的研究成果，多设立诸如青年论坛等专门刊发青年学者学术成果的栏目。二是搭建马克思主义理论学科青年学者学术交流的平台，经常性地开展以青年学者为主体的学术研讨活动，组织青年学者就当前重大理论与现实问题展开讨论和交流，从中发现优秀青年学者。三是组织开展青年学者的优秀科研成果评选，激励青年学者的学术积极性，提升青年学者的学术自信。以上几种路径不仅可以增加青年学者与学科期刊互动接触的机会，而且也有利于马克思主义理论研究广度的拓展和马克思主义话语权的提升。

4. 提升办刊质量和张扬办刊特色

个性化的张扬对于消除同质化弊端、增强学术期刊的竞争力、打造期刊的品牌，有重要意义。马克思主义理论学科期刊只有不断进行观念创新、方法创新、内容创新和形式创新，充分显示期刊个性，才会具有更强的生命力。

一是选准自身定位。在办刊定位上，破除大而全的办刊理念，在马克思主义理论一级学科框架内，坚持一般性与特殊性的统一，从自己的历史传统和编辑力量出发，突出特殊性的学术定位，并且通过不同视角和不同论题的选择，努力彰显自身的办刊特色。这对于弱化马克思主义理论学科期刊存在的不同程度的同质化特征，具有十分重要的意义。

二是自觉培育热点。对于学术热点能否做到及时关注、准确把握和精心安排，是评价和判断学术期刊办刊水平的一个重要标尺。如果无视学术热点，就失去了自身存在的根据，更谈不上办刊特色和水平。马克思主义理论学科期刊应进一步关注学术前沿，努力主动培育学术热点，成为学术前沿成果的及时发布者和传播者，以此彰显刊物特色和水平。

三是办好特色栏目。通过局部栏目凸显，可以塑造出期刊的整体特色，提高期刊吸引力和办刊质量。比如，《广西民族大学学报》开辟了"人类学"专栏，树立了品牌，办得有声有色，产生了较大的影响力。马克思主义理论学科期刊要花大力气研究和经营特色栏目，从栏目名称的设置、选题和作者的考虑方面要有战略性的安排，一以贯之，坚持不懈，营造和沉淀出自身的特色和传统。

需要指出的是，当前期刊评价体系的不完善，对期刊建设和学术发展带来了一定程度的负面影响。针对这一问题，期刊评价工作要强化自省意识，进一步明确期刊评价目的和意义。完善期刊评价体系，要淡化转载量指标，强化转载率指标；增加诸如差错率、重复率、特色栏目等期刊评价指标。通过期刊评价指标体系的不断完善，推动学术期刊质量和特色实现双重提升。

5. 提升管理水平和队伍素质

第一，加强政治纪律、职业道德和专业知识学习，不断提高编辑队伍的政治水平、道德水平和业务水平。要加强政治纪律的学习，增强马克思主义理论学科期刊编辑的政治意识、责任意识、大局意识和阵地意识，切实掌握编辑出版工作的指导思想、方针原则、主要任务，在策划、选稿、组稿和编辑过程中保持高度的政治敏锐性、社会责任感和学术使命感。要加强主编的遴选工作，贯彻政治、学术与道德的多重标准。要加强职业道德的学习，培育和树立学术期刊的公信力。要加强编辑人员业务知识的学习，通过各种有效的学习形式，不断提高编辑"沙里淘金、点石成金"的学术甄别能力和稿件处理能力。

第二，完善内部管理体制机制，杜绝关系稿、人情稿和金钱稿。要确立和贯彻编审流程大于天的基本理念，进一步规范和优化匿名审稿流程，依托严密的审稿流程，严把期刊刊文质量关，将各种不利于质量立刊的问题减少到最低程度，实现期刊水平和论文水平双提高。要建立和完善编辑和作者、读者之间的互动机制，动态跟踪，注重反响，及时总结反思，主动到读者和作者中进行调查，充分了解学界的需求和期待。要建立编辑人员退出机制，严厉惩处违反职业道德的行为。

第三，辩证对待"自留地"、"小圈子"现象。一方面，对于多数具有全国影响力的期刊而言，要按照广泛性和代表性的要求，努力减少发表某一特定研究机构或某一特定区域学术成果的数量。另一方面，一些期刊在全国范围内形成影响力，虽然吸引全国其他地区作者投稿的能力较弱，但是在其所在地区承担着重要的学术交流任务，发挥着重要的学术交流平台作用，因此，应肯定和支持其"小圈子"现象的积极意义。

第四，重视信息技术在期刊建设中的特殊作用。作为集中刊发马克思主义理论学科研究成果、进行理论创新的载体，马克思主义理论学科期刊要在更大程度上充分掌握和运用新兴传播手段，宣传和传播马克思主义理论的最新研究成果。马克思主义理论学科期刊应该逐步推广使用微博和微信，完善独立网站建设，更好地成为马克思主义研究成果的发布者和传播者。

6. 加大期刊支持力度

要以全局和长远的眼光，进行战略性规划和布局，建立与马克思主义理论研究和学科建设要求相协调的学术期刊群。具体建议如下：第一，增加标志性期刊数量，有计划地扶持有潜力的马克思主义理论学科期刊发展成为标志性期刊。第二，扩展期刊空间布局，加强中部地区、西北地区和西南地区期刊空间布局。第三，鼓励和支持刊期过长的马克思主义理论学科期刊适度缩短出版刊期，适当增加发文量。第四，推动高质量的马克思主义理论学科集刊转化为学术期刊。对于北京大学马克思主义学院主办的《北大马克思主义研究》、中共中央党校哲学部主办的《哲学与社会》等已经拥有一定实力的学术集刊，建议有关部门可考虑将之转化为正式学术期刊。

需要说明的是，这几年一些学术期刊得到了诸如国家社会科学基金、地方专项财政资金的资助，但这些资金囿于现有财务制度并不能适当地用于分配激励方面，编辑人员的待遇总体不高。办好一本有品位、有质量、有影响的学术期刊的首要支撑显然是高学历、专家型的专业编辑团队，如果上述诸项财政资金的使用仍然依照现有的财务制度，实现不了必要的人力、物力等资源的合理分配，则不能发挥其应有的积极效应。因此建议尽快改革相关财务制度，合理地向人力资本倾斜。同时，各期刊主办单位在职称评聘方面，应制定与完善相应制度，保障编辑正当权益。

习近平总书记指出："马克思主义是在批判吸收人类全部知识的基础上产生并且随着时代、实践和科学的发展而不断丰富发展的，是人类迄今为止最先进的思想理论体系。"在新的历史起点上，我们要着力推进马克思主义理论学科期刊建设，为构建中国特色哲学社会科学体系和学术话语体系、不断开辟马克思主义中国化新境界作出应有的贡献。

附录一

中国人文社会科学期刊评价报告(2014 年)暨 733 种统计源期刊

（一）法学

该学科共收录 32 种期刊，其中：顶级期刊 1 种，权威期刊 2 种，核心期刊 19 种，扩展期刊 10 种。

序号	全部刊名	主办单位	吸引力	管理力	影响力	总得分	期刊级别
1	法学研究	中国社会科学院法学研究所	65.9409	13	14.9313	93.8722	顶级
2	中国法学	中国法学会	63.8709	12	17.6509	93.5218	权威
3	法学	华东政法大学	52.8646	12	13.5902	78.4548	权威
4	中外法学	北京大学	52.8623	11	13.3900	77.2523	核心
5	法制与社会发展	吉林大学	53.1447	12.5	9.1397	74.7844	核心
6	政法论坛	中国政法大学	51.6168	12	11.1671	74.7839	核心
7	法学家	中国人民大学	52.0097	11.5	10.5703	74.0800	核心
8	现代法学	西南政法大学	50.1500	13	9.0736	72.2236	核心
9	法商研究	中南财经政法大学	46.2204	10	13.1165	69.3369	核心
10	法律科学（西北政法大学学报）	西北政法大学	46.1323	11.5	10.1630	67.7953	核心

序号	全部刊名	主办单位	吸引力	管理力	影响力	总得分	期刊级别
11	环球法律评论	中国社会科学院法学研究所	48.9677	11	7.4138	67.3815	核心
12	当代法学	吉林大学	44.0631	13	8.3850	65.4481	核心
13	知识产权	中国知识产权研究会	43.6575	13	8.0825	64.7400	核心
14	清华法学	清华大学	45.9208	12	6.1232	64.0440	核心
15	比较法研究	中国政法大学	43.7024	12	8.2218	63.9242	核心
16	法学评论	武汉大学	45.6524	8	10.0116	63.6640	核心
17	政治与法律	上海社会科学院法学研究所	45.6375	9	8.0151	62.6526	核心
18	法学论坛	山东省法学会	44.0684	10	8.3565	62.4249	核心
19	华东政法大学学报	华东政法大学	41.9947	11	7.9001	60.8948	核心
20	法学杂志	北京市法学会	41.5458	12	7.1799	60.7257	核心
21	河北法学	河北政法职业学院,河北省法学会	37.8714	12	7.8027	57.6741	核心
22	行政法学研究	中国政法大学	38.4094	12	6.3673	56.7767	核心
23	中国刑事法杂志	最高人民检察院检察理论研究所	38.6387	8	6.5325	53.1712	扩展
24	中国人民公安大学学报（社会科学版）	中国人民公安大学	35.6451	12.5	4.1601	52.3052	扩展
25	政法论丛	山东政法学院	35.1606	12	4.4094	51.5700	扩展
26	甘肃政法学院学报	甘肃政法学院	34.5990	11	5.0835	50.6825	扩展
27	国家检察官学院学报	国家检察官学院	32.9104	9	7.6131	49.5235	扩展
28	法律适用	国家法官学院	33.9907	8	6.4110	48.4017	扩展
29	河南财经政法大学学报	河南财经政法大学	31.8388	10	5.5714	47.4102	扩展

续表

序号	全部刊名	主办单位	吸引力	管理力	影响力	总得分	期刊级别
30	中国版权	中国版权保护中心	30.3645	8	2.2592	40.6237	扩展
31	江苏警官学院学报	江苏警官学院	27.8854	9.5	1.8775	39.2629	扩展
32	中国监狱学刊	中央司法警官学院	28.1278	9	0.9401	38.0679	扩展

（二）管理学

该学科共收录 25 种期刊，其中：顶级期刊 1 种，权威期刊 2 种，核心期刊 12 种，扩展期刊 10 种。

序号	全部刊名	主办单位	吸引力	管理力	影响力	总得分	期刊级别
1	管理世界	国务院发展研究中心	63.8403	9	14.7479	87.5882	顶级
2	南开管理评论	南开大学商学院	53.7332	13.5	10.5526	77.7858	权威
3	管理学报	华中科技大学	51.3729	13.5	8.6495	73.5224	权威
4	中国行政管理	中国行政管理学会	53.2923	12.5	7.5264	73.3187	核心
5	会计研究	中国会计学会	51.6224	11	9.9862	72.6086	核心
6	中国软科学	中国软科学研究会	48.3785	12.5	10.7756	71.6541	核心
7	经济管理	中国社会科学院工业经济研究所	50.4523	12.5	8.1942	71.1465	核心
8	中国管理科学	中国优选法统筹法与经济数学研究会，中国科学院科技政策与管理科学研究所	51.3291	12.5	6.3182	70.1473	核心
9	科学学研究	中国科学学与科技政策研究会	45.5574	13.5	9.8060	68.8634	核心
10	管理科学学报	天津大学，国家自然科学基金委员会管理科学部	45.1048	14	7.9772	67.0820	核心

续表

序号	全部刊名	主办单位	吸引力	管理力	影响力	总得分	期刊级别
11	科研管理	中国科学院科技政策与管理科学研究所，中国科学学与科技政策研究会，清华大学技术创新研究中心	45.5765	12.5	8.6994	66.7759	核心
12	中国科技论坛	中国科学技术发展战略研究院	45.7660	13.5	6.6417	65.9077	核心
13	软科学	四川省科技促进发展研究中心	48.3804	11	6.2567	65.6371	核心
14	科技进步与对策	湖北省科技信息研究院	45.6250	12.5	6.4130	64.5380	核心
15	管理工程学报	浙江大学	45.7977	10	6.3890	62.1867	核心
16	科学学与科学技术管理	中国科学学与科技政策研究会，天津市科学学研究所	41.8354	12	7.8322	61.6676	扩展
17	研究与发展管理	复旦大学	42.6474	12.5	6.0100	61.1574	扩展
18	预测	合肥工业大学预测与发展研究所	44.3466	10	5.7606	60.1072	扩展
19	科学管理研究	内蒙古自治区软科学研究会	40.4835	10	5.7110	56.1945	扩展
20	中国人力资源开发	中国人力资源开发研究会	39.4959	10.5	3.6865	53.6824	扩展
21	科学与社会	中国科学院科技政策与管理科学研究所	36.0640	12	4.8529	52.9169	扩展
22	管理现代化	中国管理现代化研究会	40.9982	7	3.0214	51.0196	扩展
23	技术经济与管理研究	山西省人民政府发展研究中心	37.0916	8	4.0286	49.1202	扩展
24	未来与发展	中国未来研究会	34.8027	11	2.8375	48.6402	扩展

续表

序号	全部刊名	主办单位	吸引力	管理力	影响力	总得分	期刊级别
25	社会科学管理与评论	中国社会科学院科研局	36.2817	9.5	2.1349	47.9166	扩展（已停刊）

（三）环境科学

该学科共收录 5 种期刊，其中：顶级期刊 0 种，权威期刊 1 种，核心期刊 3 种，扩展期刊 1 种。

序号	全部刊名	主办单位	吸引力	管理力	影响力	总得分	期刊级别
1	中国人口·资源与环境	中国可持续发展研究会，山东省可持续发展研究中心，中国 21 世纪议程管理中心，山东师范大学	51.9086	11	10.2345	73.1431	权威
2	自然资源学报	中国自然资源学会	48.5479	12.5	6.9932	68.0411	核心
3	资源科学	中国科学院地理科学与资源研究所，中国自然资源学会	45.9643	11.5	9.0259	66.4902	核心
4	长江流域资源与环境	中国科学院资源环境科学与技术局，中国科学院武汉文献情报中心	45.4532	13.5	5.5798	64.5330	核心
5	环境保护	中国环境出版社	35.8940	8	4.6359	48.5299	扩展

（四）教育学

该学科共收录 33 种期刊，其中：顶级期刊 1 种，权威期刊 2 种，核心期刊 20 种，扩展期刊 10 种。

序号	全部刊名	主办单位	吸引力	管理力	影响力	总得分	期刊级别
1	教育研究	中央教育科学研究院	59.9515	11.5	12.5774	84.0289	顶级
2	北京大学教育评论	北京大学	53.5669	12	10.0774	75.6443	权威
3	高 等 教 育研究	华中科技大学，中国高等教育学研究会	53.0103	11	6.6523	70.6626	权威
4	清华大学教育研究	清华大学	52.4171	11	6.8003	70.2174	核心
5	比 较 教 育研究	北京师范大学	50.6455	10	5.4032	66.0487	核心
6	中 国 高 教研究	中国高等教育学会	47.3419	11	5.7817	64.1236	核心
7	课 程 · 教材 · 教法	人民教育出版社，课程教材研究所	46.9921	10	5.1672	62.1593	核心
8	中 国 教 育学刊	中国教育学会	45.9162	11	5.2354	62.1516	核心
9	学 位 与 研究生教育	国务院学位委员会	45.0953	12.5	3.5818	61.1771	核心
10	教育与经济	华中师范大学，中国教育经济学研究会	47.8373	10	3.3043	61.1416	核心
11	教育学报	北京师范大学	45.4793	10	5.5423	61.0216	核心
12	教 育 发 展研究	上海市教育科学研究院，上海市高等教育学会	44.1434	9	7.2730	60.4164	核心
13	国家教育行政学院学报	国家教育行政学院	43.6077	12	4.2243	59.8320	核心
14	外 国 教 育研究	东北师范大学	42.8105	12	4.8230	59.6335	核心
15	教育科学	辽宁师范大学	42.2950	10	7.1705	59.4655	核心
16	全 球 教 育展望	华东师范大学	41.4151	12	6.0422	59.4573	核心
17	江苏高教	江苏教育报刊总社	42.9940	12	4.3577	59.3517	核心

续表

序号	全部刊名	主办单位	吸引力	管理力	影响力	总得分	期刊级别
18	中国特殊教育	中央教育科学研究所	41.9584	12	4.5121	58.4705	核心
19	高等工程教育研究	华中科技大学，中国工程院教育委员会，中国高等工程教育研究会，全国重点理工大学教学改革协作组	42.3992	9	6.0785	57.4777	核心
20	教育研究与实验	华中师范大学	41.6012	11.5	4.1234	57.2246	核心
21	教育学术月刊	江西省教育科学研究所，江西省教育学会	42.4969	10	4.5497	57.0466	核心
22	民族教育研究	中央民族大学	44.0389	10	1.9036	55.9425	核心
23	教育理论与实践	山西省教育科学研究院，山西省教育学会	40.2857	9.5	4.8111	54.5968	核心
24	高校教育管理	江苏大学	37.3740	13.5	3.5160	54.3900	扩展
25	高教发展与评估	武汉理工大学，中国交通教育研究会高教研究分会	37.3742	12	2.7947	52.1689	扩展
26	教育评论	福建省教育科学研究所，福建省教育学会	37.4903	9	3.8566	50.3469	扩展
27	贵州师范学院学报	贵州师范学院	28.2752	12	0.6042	40.8794	扩展
28	广东第二师范学院学报	广东第二师范学院	28.3144	11	0.5492	39.8636	扩展
29	渭南师范学院学报	渭南师范学院	26.9207	12	0.5915	39.5122	扩展
30	继续教育	总装备部继续教育中心	29.0895	8	2.1846	39.2741	扩展

续表

序号	全部刊名	主办单位	吸引力	管理力	影响力	总得分	期刊级别
31	江西教育学院学报	江西教育学院	28.0182	10	0.5259	38.5441	扩展
32	江苏第二师范学院学报	江苏第二师范学院	26.9719	9	1.4761	37.4480	扩展
33	河南教育学院学报(哲学社会科学版)	河南教育学院	27.0002	9	0.8738	36.8740	扩展

（五）经济学

该学科共收录109种期刊,其中:顶级期刊1种,权威期刊3种,核心期刊63种,扩展期刊42种。

序号	全部刊名	主办单位	吸引力	管理力	影响力	总得分	期刊级别
1	经济研究	中国社会科学院经济研究所	69.9552	13	32.0598	115.0150	顶级
2	世界经济	中国世界经济学会,中国社会科学院世界经济与政治研究所	59.9021	9	16.4822	85.3843	权威
3	中国工业经济	中国社会科学院工业经济研究所	57.4708	11	16.4167	84.8875	权威
4	金融研究	中国金融学会	57.3952	12.5	14.1808	84.0760	权威
5	经济学(季刊)	北京大学中国经济研究中心	47.5300	14	17.1338	78.6638	核心
6	数量经济技术经济研究	中国社会科学院数量经济与技术经济研究所	55.7885	13	9.7786	78.5671	核心
7	财经研究	上海财经大学	53.3600	13.5	9.4608	76.3208	核心

续表

序号	全部刊名	主办单位	吸引力	管理力	影响力	总得分	期刊级别
8	财贸经济	中国社会科学院财经战略研究院	52.9202	12.5	10.0884	75.5086	核心
9	经济学动态	中国社会科学院经济研究所	50.8061	11.5	10.1536	72.4597	核心
10	经济学家	西南财经大学，四川社会科学学术基金会（新知研究院）	50.8182	10.5	9.7691	71.0873	核心
11	国际金融研究	中国国际金融学会，中国银行股份有限公司	52.2188	10	8.6560	70.8748	核心
12	中国农村经济	中国社会科学院农村发展研究所	53.0300	9	8.6968	70.7268	核心
13	经济理论与经济管理	中国人民大学	48.7190	12.5	7.9382	69.1572	核心
14	经济评论	武汉大学	47.3318	13.5	7.8470	68.6788	核心
15	改革	重庆社会科学院	47.5841	11	10.0229	68.6070	核心
16	经济科学	北京大学	47.5162	12	8.6399	68.1561	核心
17	经济社会体制比较	中共中央编译局	48.5544	10	9.5326	68.0870	核心
18	财经问题研究	东北财经大学	48.8271	12	6.4268	67.2539	核心
19	国际经济评论	中国社会科学院世界经济与政治研究所	48.2941	9	9.9199	67.2140	核心
20	南开经济研究	南开大学经济学院	50.2932	9	7.8300	67.1232	核心
21	国际贸易问题	对外经济贸易大学	48.3433	10	8.4679	66.8112	核心
22	经济与管理研究	首都经济贸易大学	46.6647	12.5	5.0370	64.2017	核心
23	中央财经大学学报	中央财经大学	46.8106	10.5	6.1591	63.4697	核心

续表

序号	全部刊名	主办单位	吸引力	管理力	影响力	总得分	期刊级别
24	上海财经大学学报	上海财经大学	46.5371	11.5	5.0367	63.0738	核心
25	世界经济研究	上海社会科学院世界经济研究所	45.5781	9	7.8927	62.4708	核心
26	农业经济问题	中国农业经济学会,中国农业科学院农业经济研究所	42.8106	10.5	8.8202	62.1308	核心
27	证券市场导报	深圳证券交易所综合研究所	43.6335	13	5.4287	62.0622	核心
28	外国经济与管理	上海财经大学	43.3192	12.5	6.0103	61.8295	核心
29	财经科学	西南财经大学	44.6984	10	6.7201	61.4185	核心
30	审计研究	中国审计学会	46.2559	10	5.1276	61.3835	核心
31	保险研究	中国保险学会	44.8542	12.5	3.9603	61.3145	核心
32	中国农村观察	中国社会科学院农村发展研究所	44.9580	9	7.0674	61.0254	核心
33	当代经济科学	西安交通大学	41.4206	12.5	7.0055	60.9261	核心
34	财政研究	中国财政学会	45.1468	10	5.4257	60.5725	核心
35	当代财经	江西财经大学	43.7000	9	7.6912	60.3912	核心
36	财经论丛	浙江财经学院	40.2210	12.5	7.3744	60.0954	核心
37	中国经济问题	厦门大学经济研究所	43.9757	11.5	4.0615	59.5372	核心
38	宏观经济研究	国家发改委宏观经济研究院	43.4623	9	6.4336	58.8959	核心
39	中南财经政法大学学报	中南财经政法大学	41.4881	10.5	6.8017	58.7898	核心
40	经济经纬	河南财经政法大学	40.8878	12.5	5.1936	58.5814	核心
41	财经理论与实践	湖南大学	43.5074	10	4.9663	58.4737	核心

续表

序号	全部刊名	主办单位	吸引力	管理力	影响力	总得分	期刊级别
42	中国经济史研究	中国社会科学院经济研究所	46.1101	9	2.9703	58.0804	核心
43	中国土地科学	中国土地学会，中国土地勘测规划院	41.3812	11.5	5.1033	57.9845	核心
44	亚太经济	福建省社会科学院亚太经济研究所	43.6537	10	4.1807	57.8344	核心
45	河北经贸大学学报	河北经贸大学	40.0385	13	4.3411	57.3796	核心
46	商业经济与管理	浙江工商大学	39.3853	12.5	5.3290	57.2143	核心
47	农业技术经济	中国农业技术经济学会，中国农科院农业经济与发展研究所	39.4908	11	6.5559	57.0467	核心
48	经济纵横	吉林省社会科学院（社科联）	41.4000	9	6.5102	56.9102	核心
49	上海经济研究	上海社会科学院经济研究所	42.2347	9	5.6095	56.8442	核心
50	世界经济与政治论坛	江苏省社会科学院世界经济研究所	43.9460	9	3.7086	56.6546	核心
51	金融经济学研究	广东金融学院	41.7362	11.5	3.1946	56.4308	核心
52	税务研究	中国税务杂志社	43.4141	9	3.9617	56.3758	核心
53	国际商务（对外经济贸易大学学报）	对外经济贸易大学	39.3033	12	4.8760	56.1793	核心
54	国际经贸探索	广东外语外贸大学	39.7626	12.5	3.8853	56.1479	核心
55	经济体制改革	四川省社会科学院	41.7511	9	5.2215	55.9726	核心

续表

序号	全部刊名	主办单位	吸引力	管理力	影响力	总得分	期刊级别
56	现代日本经济	吉林大学，中华全国日本经济学会	39.7369	9	7.2049	55.9418	核心
57	生态经济	云南教育出版社有限责任公司	42.1200	10	3.4407	55.5607	核心
58	北京工商大学学报（社会科学版）	北京工商大学	38.1594	13	4.0557	55.2151	核心
59	经济问题	山西省社会科学院	39.4933	10	5.1496	54.6429	核心
60	经济问题探索	云南省发展和改革委员会，云南财贸学院	40.6434	8	5.4641	54.1075	核心
61	山西财经大学学报	山西财经大学	38.6955	9	6.2806	53.9761	核心
62	中国金融	中国金融出版社	42.6215	6	5.3496	53.9711	核心
63	中国流通经济	北京物资学院	37.0913	13	3.8041	53.8954	核心
64	企业经济	江西省社会科学院	39.4517	11	3.0036	53.4553	核心
65	金融论坛	中国城市金融学会，城市金融研究所	39.1347	10	3.9047	53.0394	核心
66	投资研究	中国建设银行股份有限公司，中国投资学会	37.4570	11	4.2177	52.6747	核心
67	上海金融	上海市金融学会	41.5734	8	3.0859	52.6593	核心
68	中国社会经济史研究	厦门大学历史研究所	41.8144	9	1.1250	51.9394	扩展
69	经济与管理评论	山东财经大学	36.9212	12	2.7830	51.7042	扩展
70	改革与战略	广西壮族自治区社会科学界联合会	36.4504	10.5	3.7980	50.7484	扩展
71	金融理论与实践	中国人民银行郑州中心支行，河南省金融学会	38.2560	9	3.4295	50.6855	扩展

序号	全部刊名	主办单位	吸引力	管理力	影响力	总得分	期刊级别
72	首都经济贸易大学学报	首都经济贸易大学	37.4191	10	3.2551	50.6742	扩展
73	西安财经学院学报	西安财经学院	34.9123	13	2.7242	50.6365	扩展
74	农业现代化研究	中国科学院农业研究委员会，中国科学院亚热带农业生态研究所	35.1147	11.5	3.4572	50.0719	扩展
75	江西财经大学学报	江西财经大学	36.8105	9	4.2380	50.0485	扩展
76	云南财经大学学报	云南财经大学	37.1569	9	3.7571	49.9140	扩展
77	当代经济研究	吉林财经大学	37.6683	7	5.2123	49.8806	扩展
78	现代财经	天津财经大学	36.8275	9	3.9660	49.7935	扩展
79	经济研究参考	经济科学出版社	36.1259	9	4.6595	49.7854	扩展
80	商业研究	哈尔滨商业大学，中国商业经济学会	37.6358	7.5	4.5817	49.7175	扩展
81	西北农林科技大学学报（社会科学版）	西北农林科技大学	35.8171	11	2.6403	49.4574	扩展
82	金融与经济	江西省金融学会	36.2223	10	3.1905	49.4128	扩展
83	中国卫生经济	中国卫生经济学会，卫生部卫生经济研究所	34.7327	11.5	2.7950	49.0277	扩展
84	消费经济	湘潭大学，湖南商学院，湖南师范大学	36.8242	8.5	3.3266	48.6508	扩展
85	西部论坛	重庆工商大学	35.0679	10	3.1260	48.1939	扩展

续表

序号	全部刊名	主办单位	吸引力	管理力	影响力	总得分	期刊级别
86	国土资源科技管理	国土资源部科技与国际合作司，成都理工大学	34.6316	12	0.9423	47.5739	扩展
87	林业经济问题	中国林业经济学会，福建农林大学	35.9235	10	1.4467	47.3702	扩展
88	当代经济管理	石家庄经济学院	34.1527	10	2.8679	47.0206	扩展
89	国际商务研究（上海对外经贸大学学报）	上海对外经贸大学	34.2151	11	1.7557	46.9708	扩展
90	地方财政研究	辽宁省财政科学研究所，东北财经大学财税学院	34.5354	9	3.2698	46.8052	扩展
91	税务与经济	吉林财经大学	33.1145	9	4.0872	46.2017	扩展
92	开发研究	甘肃省社会科学院	35.7324	8	2.3855	46.1179	扩展
93	广东财经大学学报	广东财经大学	30.9705	11	4.0100	45.9805	扩展
94	新金融	交通银行股份有限公司	34.2250	9	2.6382	45.8632	扩展
95	贵州财经大学学报	贵州财经大学	31.1230	10	4.4942	45.6172	扩展
96	国际经济合作	商务部国际贸易经济合作研究院	33.8462	8	2.4950	44.3412	扩展
97	建筑经济	中国建筑学会，中国建筑设计研究院，亚太建设科技信息研究院	33.5332	8	2.1770	43.7102	扩展
98	中国发展	中国致公党中央委员会	30.7301	10	2.0608	42.7909	扩展
99	财务与金融	中南大学	29.7195	12	0.9865	42.7060	扩展

续表

序号	全部刊名	主办单位	吸引力	管理力	影响力	总得分	期刊级别
100	南京财经大学学报	南京财经大学	31.4122	9	1.7573	42.1695	扩展
101	生产力研究	中国生产力学会，山西省生产力学会，山西省政府经济研究中心	31.2902	7	3.5036	41.7938	扩展
102	中国钱币	中国钱币博物馆，中国钱币学会	29.8885	10.5	0.9755	41.3640	扩展
103	天津商业大学学报	天津商业大学	30.0001	10	1.3597	41.3598	扩展
104	财经理论研究	内蒙古财经大学	27.0372	12	1.1831	40.2203	扩展
105	中国资产评估	中国资产评估协会	31.1374	8	0.4705	39.6079	扩展
106	兰州商学院学报	兰州商学院	28.3517	9	1.5522	38.9039	扩展
107	古今农业	全国农业展览馆	28.4439	7	0.9353	36.3792	扩展
108	欧亚经济	中国社会科学院俄罗斯东欧中亚研究所	26.7274	8	1.0797	35.8071	扩展
109	石家庄经济学院学报	石家庄经济学院	25.4663	9	1.2124	35.6787	扩展

（六）考古学

该学科共收录 18 种期刊，其中：顶级期刊 1 种，权威期刊 2 种，核心期刊 9 种，扩展期刊 6 种。

序号	全部刊名	主办单位	吸引力	管理力	影响力	总得分	期刊级别
1	考古	中国社会科学院考古研究所	63.5973	10	7.9210	81.5183	顶级

续表

序号	全部刊名	主办单位	吸引力	管理力	影响力	总得分	期刊级别
2	考古学报	中国社会科学院考古研究所	57.1986	8	8.4588	73.6574	权威
3	文物	文物出版社	53.8146	10	8.7674	72.5820	权威
4	考古与文物	陕西省考古研究院	44.9584	10	6.6118	61.5702	核心
5	敦煌研究	敦煌研究院	44.5652	12	3.8517	60.4169	核心
6	江汉考古	湖北省文物考古研究所	36.0560	11	4.9218	51.9778	核心
7	东南文化	南京博物院	33.6243	10	6.4004	50.0247	核心
8	华夏考古	河南省文物考古研究院,河南省文物考古学会	33.7349	9	5.1668	47.9017	核心
9	敦煌学辑刊	兰州大学	33.0091	11	3.5137	47.5228	核心
10	中原文物	河南博物院	32.7072	9	5.0464	46.7536	核心
11	农业考古	江西省社会科学院	34.0584	9	3.1284	46.1868	核心
12	故宫博物院院刊	故宫博物院	32.3150	8	4.9020	45.2170	核心
13	南方文物	江西省文物考古研究所	28.5462	9	4.6355	42.1817	扩展
14	中国国家博物馆馆刊	中国国家博物馆	27.9495	9	4.8350	41.7845	扩展
15	北方文物	北方文物杂志社	27.9917	8	3.5632	39.5549	扩展
16	四川文物	四川省文物局	27.4779	7	4.7313	39.2092	扩展
17	文物春秋	河北省文物局	21.4799	8	4.1183	33.5982	扩展
18	文物世界	山西省文物局	21.0207	7	1.6722	29.6929	扩展

（七）历史学

该学科共收录32种期刊,其中:顶级期刊1种,权威期刊2种,核心期刊21种,扩展期刊8种。

序号	全部刊名	主办单位	吸引力	管理力	影响力	总得分	期刊级别
1	历史研究	中国社会科学院	62.2527	11	9.2661	82.5188	顶级
2	近代史研究	中国社会科学院近代史研究所	55.8230	11	6.7219	73.5449	权威
3	中国史研究	中国社会科学院历史研究所	56.0633	11	5.3508	72.4141	权威
4	世界历史	中国社会科学院世界历史研究所	54.6125	11	5.2624	70.8749	核心
5	史学月刊	河南大学，河南省历史学会	53.4239	8.5	6.1472	68.0711	核心
6	清史研究	中国人民大学清史研究所	51.6204	10.5	3.9390	66.0594	核心
7	当代中国史研究	当代中国研究所	49.3636	12	2.6017	63.9653	核心
8	史学理论研究	中国社会科学院世界历史研究所	48.2423	10.5	3.7849	62.5272	核心
9	中国边疆史地研究	中国社会科学院中国边疆史地研究中心	48.5153	10	3.6275	62.1428	核心
10	史学集刊	吉林大学	46.7826	10	4.4252	61.2078	核心
11	西域研究	新疆社会科学院	47.3606	11.5	2.2942	61.1548	核心
12	抗日战争研究	中国社会科学院近代史研究所，中国抗日战争史学会	46.5151	10	2.9615	59.4766	核心
13	史林	上海社会科学院历史研究所	43.8598	9	4.1675	57.0273	核心
14	中国农史	中国农业历史学会，中国农业科学院，南京农业大学中国农业遗产研究室	44.0357	9	3.3888	56.4245	核心
15	史学史研究	北京师范大学	44.9403	7	3.7904	55.7307	核心
16	文献	国家图书馆	41.4839	10	2.8805	54.3644	核心
17	安徽史学	安徽省社会科学院	42.1211	9	2.8609	53.9820	核心

续表

序号	全部刊名	主办单位	吸引力	管理力	影响力	总得分	期刊级别
18	中国历史地理论丛	陕西师范大学	40.5556	9	3.5995	53.1551	核心
19	历史档案	中国第一历史档案馆	40.6205	7	3.3734	50.9939	核心
20	历史教学	历史教学社	36.6839	10	3.8247	50.5086	核心
21	中国地方志	中国地方志指导小组办公室	36.7083	12	1.4378	50.1461	核心
22	民国档案	中国第二历史档案馆	39.7861	7	3.0406	49.8267	核心
23	中国科技史杂志	中国科学技术史学会，中国科学院自然科学史研究所	38.7544	8	2.3044	49.0588	核心
24	中国史研究动态	中国社会科学院历史研究所	38.9272	8	1.4256	48.3528	核心
25	中国典籍与文化	全国高等院校古籍整理研究工作委员会	36.7663	8	1.3287	46.0950	扩展
26	华侨华人历史研究	中国华侨华人历史研究所	37.0152	7	1.7207	45.7359	扩展
27	古籍整理研究学刊	东北师范大学古籍整理研究所	36.4948	7	1.6590	45.1538	扩展
28	军事历史研究	南京政治学院上海分院	33.6664	8	1.2147	42.8811	扩展
29	海交史研究	中国海外交通史研究会，泉州海外交通史博物馆	32.3716	8	1.9004	42.2720	扩展
30	历史教学问题	华东师范大学	32.6453	7	1.6762	41.3215	扩展
31	文史杂志	四川省人民政府参事室，四川省人民政府文史研究馆	31.8548	7	2.3526	41.2074	扩展
32	贵州文史丛刊	贵州省文史研究馆	29.2358	9	1.2652	39.5010	扩展

（八）马克思主义

该学科共收录 14 种期刊，其中：顶级期刊 1 种，权威期刊 2 种，核心期刊 8 种，扩展期刊 3 种。

序号	全部刊名	主办单位	吸引力	管理力	影响力	总得分	期刊级别
1	求是	中国共产党中央委员会	60.7545	8.5	11.4319	80.6864	顶级
2	马克思主义研究	中国社会科学院马克思主义研究院，马克思主义研究学部	59.4144	9	8.0226	76.4370	权威
3	中共党史研究	中共中央党史研究室	58.6743	11	5.4094	75.0837	权威
4	教学与研究	中国人民大学	52.0432	11	7.5848	70.6280	核心
5	马克思主义与现实	中共中央编译局马克思主义研究部	52.8496	9	8.7678	70.6174	核心
6	社会主义研究	华中师范大学	49.5365	10	6.3425	65.8790	核心
7	中国特色社会主义研究	北京市社会科学界联合会，北京市中国特色社会主义理论体系研究中心，北京市科学社会主义学会	50.4164	9	5.8626	65.2790	核心
8	科学社会主义	中国科学社会主义学会	47.7284	9	5.1751	61.9035	核心
9	国外理论动态	中共中央编译局	43.4138	10	6.7991	60.2129	核心
10	当代世界与社会主义	中共中央编译局马克思主义研究部，中国国际共运史学会	44.8958	8	6.7415	59.6373	核心

续表

序号	全部刊名	主办单位	吸引力	管理力	影响力	总得分	期刊级别
11	毛泽东邓小平理论研究	上海社会科学院,上海市中国特色社会主义理论体系研究中心	44.8222	8	4.8742	57.6964	核心
12	当代世界社会主义问题	山东大学当代社会主义研究所	40.0394	9	4.6709	53.7103	扩展
13	思想政治教育研究	哈尔滨理工大学	36.9042	12.5	2.1387	51.5429	扩展
14	毛泽东思想研究	四川省社会科学院,四川省社会科学界联合会	37.2039	9	2.9374	49.1413	扩展

（九）民族学与文化学

该学科共收录 27 种期刊,其中:顶级期刊 1 种,权威期刊 2 种,核心期刊 15 种,扩展期刊 9 种。

序号	全部刊名	主办单位	吸引力	管理力	影响力	总得分	期刊级别
1	民族研究	中国社会科学院民族学与人类学研究所	56.6700	9.5	7.7585	73.9285	顶级
2	中央民族大学学报(哲学社会科学版)	中央民族大学	53.2285	10	4.9359	68.1644	权威
3	西南民族大学学报(人文社会科学版)	西南民族大学	47.7296	13.5	6.2620	67.4916	权威
4	中南民族大学学报(人文社会科学版)	中南民族大学	47.8750	13.5	5.6847	67.0597	核心

续表

序号	全部刊名	主办单位	吸引力	管理力	影响力	总得分	期刊级别
5	广西民族大学学报（哲学社会科学版）	广西民族大学	48.8076	10.5	5.4074	64.7150	核心
6	广西民族研究	广西壮族自治区民族问题研究中心	48.4853	10	4.8581	63.3434	核心
7	中国藏学	中国藏学研究中心	47.3040	12	3.8699	63.1739	核心
8	世界民族	中国社会科学院民族学与人类学研究所	46.6709	11	3.8555	61.5264	核心
9	西北民族研究	西北民族大学	45.8876	7	4.5184	57.4060	核心
10	青海民族研究	青海民族大学民族学与社会学学院，青海民族大学民族研究所	41.2459	12	3.6968	56.9427	核心
11	云南民族大学学报（哲学社会科学版）	云南民族大学	42.0690	10	4.3077	56.3767	核心
12	贵州民族研究	贵州省民族研究院	41.3454	9	4.0435	54.3889	核心
13	中国文化研究	北京语言大学	41.8299	9	2.8730	53.7029	核心
14	民俗研究	山东大学	38.3178	9	5.3940	52.7118	核心
15	西藏研究	西藏社会科学院	39.2914	10	2.9127	52.2041	核心
16	回族研究	宁夏社会科学院	37.9338	11	1.8726	50.8064	核心
17	黑龙江民族丛刊	黑龙江省民族研究所	38.1449	8	3.5533	49.6982	核心
18	人类学学报	中国科学院古脊椎动物与古人类研究所	37.5272	10	2.0360	49.5632	核心
19	中华文化论坛	四川省社会科学院	38.4395	8	1.7794	48.2189	扩展

续表

序号	全部刊名	主办单位	吸引力	管理力	影响力	总得分	期刊级别
20	满族研究	辽宁省民族宗教问题研究中心	36.7196	9	1.8886	47.6082	扩展
21	西北民族大学学报(哲学社会科学版)	西北民族大学	34.9912	8	3.8828	46.8740	扩展
22	湖北民族学院学报(哲学社会科学版)	湖北民族学院	33.8281	9	3.3350	46.1631	扩展
23	西藏民族学院学报(哲学社会科学版)	西藏民族学院	30.8120	12	3.1486	45.9606	扩展
24	内蒙古民族大学学报(社会科学版)	内蒙古民族大学	33.8415	10	2.0402	45.8817	扩展
25	青海民族大学学报(社会科学版)	青海民族大学	30.9843	12.5	2.3783	45.8626	扩展
26	贵州民族大学学报(哲学社会科学版)	贵州民族大学	30.2514	13	2.1061	45.3575	扩展
27	文化学刊	辽宁社会科学院	31.9709	11	0.8871	43.8580	扩展

（十）人文地理学

该学科共收录12种期刊,其中:顶级期刊0种,权威期刊1种,核心期刊7种,扩展期刊4种。

序号	全部刊名	主办单位	吸引力	管理力	影响力	总得分	期刊级别
1	旅游学刊	北京联合大学旅游学院	49.8867	12.5	8.7595	71.1462	权威
2	经济地理	中国地理学会，湖南省经济地理研究所	44.3603	14	11.1030	69.4633	核心
3	人文地理	中国地理学会，西安外国语大学人文地理研究所	41.8803	14	7.8977	63.7780	核心
4	地理研究	中国科学院地理科学与资源研究所，中国地理学会	41.4080	12.5	8.8983	62.8063	核心
5	城市发展研究	中国城市科学研究会	43.5141	11	7.4307	61.9448	核心
6	地域研究与开发	河南省科学院地理研究所	40.0041	12.5	8.0291	60.5332	核心
7	城市规划	中国城市规划学会	39.7531	12	8.3678	60.1209	核心
8	城市规划学刊	同济大学	39.5505	12.5	7.0781	59.1286	核心
9	旅游科学	上海旅游高等专科学校	37.9553	14	5.4177	57.3730	扩展
10	城市问题	北京市社会科学院	41.4123	9	6.7816	57.1939	扩展
11	现代城市研究	南京城市科学研究会	36.4959	10.5	5.2687	52.2646	扩展
12	地理与地理信息科学	河北省科学院地理科学研究所	33.3077	9	6.3738	48.6815	扩展

（十一）社会学

该学科共收录 15 种期刊，其中：顶级期刊 1 种，权威期刊 2 种，核心期刊 6 种，扩展期刊 6 种。

序号	全部刊名	主办单位	吸引力	管理力	影响力	总得分	期刊级别
1	人口研究	中国人民大学	63.4437	12	16.1093	91.5530	顶级
2	社会学研究	中国社会科学院社会学研究所	59.0265	9	21.2951	89.3216	权威
3	中国人口科学	中国社会科学院人口与劳动经济研究所	62.6742	12.5	13.1201	88.2943	权威
4	社会	上海大学	58.5319	10	18.8157	87.3476	核心
5	人口与经济	首都经济贸易大学	50.3894	12.5	7.2948	70.1842	核心
6	人口学刊	吉林大学	51.3440	10	8.0485	69.3925	核心
7	青年研究	中国社会科学院社会学研究所	44.0036	11.5	7.5897	63.0933	核心
8	人口与发展	北京大学	46.2106	9	5.7358	60.9464	核心
9	妇女研究论丛	全国妇联妇女研究所，中国妇女研究会	42.7810	7	5.5365	55.3175	核心
10	南方人口	中山大学人口研究所	30.2527	11	6.5534	47.8061	扩展
11	当代青年研究	上海社会科学院青少年研究所	34.3963	9	3.1384	46.5347	扩展
12	西北人口	甘肃省人口和计划生育委员会，兰州大学，甘肃省统计局，甘肃省人口学会	30.3684	11	4.8886	46.2570	扩展
13	青年探索	广州市穗港澳青少年研究所	32.6014	9	4.3485	45.9499	扩展
14	青少年犯罪问题	华东政法大学	34.1753	8	2.9733	45.1486	扩展
15	中华女子学院学报	中华女子学院	32.3028	9.5	2.8982	44.7010	扩展

（十二）体育学

该学科共收录14种期刊，其中：顶级期刊0种，权威期刊1种，核心期刊7种，扩展期刊6种。

序号	全部刊名	主办单位	吸引力	管理力	影响力	总得分	期刊级别
1	体育科学	中国体育科学学会	58.1300	10	8.4114	76.5414	权威
2	体育学刊	华南理工大学，华南师范大学	50.0939	13.5	6.4335	70.0274	核心
3	中国体育科技	国家体育总局体育科学研究所	49.3401	13	6.4926	68.8327	核心
4	北京体育大学学报	北京体育大学	48.8924	12	6.1158	67.0082	核心
5	武汉体育学院学报	武汉体育学院	47.4666	12.5	6.2750	66.2416	核心
6	体育与科学	江苏省体育科学研究所	47.6618	12	6.3580	66.0198	核心
7	天津体育学院学报	天津体育学院	45.7038	13	6.2328	64.9366	核心
8	上海体育学院学报	上海体育学院	46.0982	10	6.5269	62.6251	核心
9	西安体育学院学报	西安体育学院	41.5245	9	6.0404	56.5649	扩展
10	成都体育学院学报	成都体育学院	40.6720	10.5	5.1649	56.3369	扩展
11	广州体育学院学报	广州体育学院	37.1315	11	4.9458	53.0773	扩展
12	沈阳体育学院学报	沈阳体育学院	35.2657	12	4.6990	51.9647	扩展
13	体育文化导刊	国家体育总局体育文化发展中心	35.0431	8	6.0131	49.0562	扩展
14	山东体育学院学报	山东体育学院	32.5517	11.5	4.9190	48.9707	扩展

（十三）统计学

该学科共收录 4 种期刊，其中：顶级期刊 0 种，权威期刊 1 种，核心期刊 2 种，扩展期刊 1 种。

序号	全部刊名	主办单位	吸引力	管理力	影响力	总得分	期刊级别
1	统计研究	中国统计学会，国家统计局统计科学研究所	55.3322	12.5	12.8518	80.6840	权威
2	数理统计与管理	中国现场统计研究会	45.8109	9	8.2598	63.0707	核心
3	统计与信息论坛	西安财经学院，中国统计教育学会高教分会	42.6179	12	8.4290	63.0469	核心
4	中国统计	中国统计出版社	34.7550	7	4.3607	46.1157	扩展

（十四）图书馆、情报与档案学

该学科共收录 31 种期刊，其中：顶级期刊 1 种，权威期刊 2 种，核心期刊 16 种，扩展期刊 12 种。

序号	全部刊名	主办单位	吸引力	管理力	影响力	总得分	期刊级别
1	中国图书馆学报	中国图书馆学会，国家图书馆	60.0858	13.5	17.5937	91.1795	顶级
2	图书情报工作	中国科学院文献情报中心	52.4753	11.5	9.1897	73.1650	权威
3	大学图书馆学报	北京大学，教育部高等学校图书情报工作指导委员会	52.8795	9	11.2119	73.0914	权威
4	情报学报	中国科学技术情报学会，中国科学技术信息研究所	51.0791	12	8.6999	71.7790	核心
5	图书情报知识	武汉大学	50.9684	10	8.6846	69.6530	核心
6	情报资料工作	中国人民大学	48.6687	11.5	8.9364	69.1051	核心

续表

序号	全部刊名	主办单位	吸引力	管理力	影响力	总得分	期刊级别
7	现代图书情报技术	中国科学院文献情报中心	47.4521	12.5	7.3146	67.2667	核心
8	图书馆杂志	上海市图书馆学会，上海市图书馆	44.7145	12.5	7.9077	65.1222	核心
9	档案学通讯	中国人民大学	50.0374	10	3.9971	64.0345	核心
10	图书与情报	甘肃省图书馆学会，甘肃省科技情报学会	43.2697	12	8.7164	63.9861	核心
11	图书馆论坛	广东省立中山图书馆	45.3484	10.5	7.8971	63.7455	核心
12	情报理论与实践	中国国防科学技术信息学会，中国兵器工业集团第210研究所	46.7406	8.5	7.6517	62.8923	核心
13	国家图书馆学刊	中国国家图书馆	44.9111	10.5	7.1859	62.5970	核心
14	图书馆建设	黑龙江省图书馆，黑龙江省图书馆学会	42.1536	13	7.2543	62.4079	核心
15	情报科学	中国科学技术情报学会，吉林大学	44.9593	9	7.0968	61.0561	核心
16	情报杂志	陕西省科学技术信息研究所	42.2144	10	7.6014	59.8158	核心
17	档案学研究	中国档案学会	48.3782	8	2.8833	59.2615	核心
18	图书馆	湖南省图书馆，湖南省图书馆学会	41.7659	9	7.2067	57.9726	核心
19	图书馆学研究	吉林省图书馆	42.6586	7.5	7.0723	57.2309	核心
20	图书馆工作与研究	天津市图书馆学会，天津图书馆，天津市少年儿童图书馆	41.3465	9	6.4558	56.8023	扩展
21	图书馆理论与实践	宁夏回族自治区图书馆学会，宁夏回族自治区图书馆	39.8158	11	5.7100	56.5258	扩展

续表

序号	全部刊名	主办单位	吸引力	管理力	影响力	总得分	期刊级别
22	现代情报	中国科技情报学会，吉林省科技信息研究所	36.2684	12.5	5.8692	54.6376	扩展
23	高校图书馆工作	湖南省高等学校图书情报工作委员会	36.1071	11.5	5.6521	53.2592	扩展
24	新世纪图书馆	江苏省图书馆学会，南京图书馆	33.8590	12.5	5.4943	51.8533	扩展
25	图书馆学刊	辽宁省图书馆学会，辽宁省图书馆	32.1494	11.5	5.4535	49.1029	扩展
26	四川图书馆学报	四川省图书馆学会	31.0971	9	4.5161	44.6132	扩展
27	图书馆研究	江西省图书馆学会，江西省图书馆	28.0858	11	4.3666	43.4524	扩展
28	山东图书馆学刊	山东省图书馆，山东省图书馆学会	29.7610	8	4.6825	42.4435	扩展
29	晋图学刊	山西省高等学校图书情报工作委员会，山西省图书馆	29.4806	8	4.2076	41.6882	扩展
30	河南图书馆学刊	河南省图书馆学会，河南省图书馆	29.7861	8	3.8270	41.6131	扩展
31	图书馆界	广西图书馆学会，广西壮族自治区图书馆	28.3930	8	4.3691	40.7621	扩展

（十五）文学

该学科共收录 24 种期刊，其中：顶级期刊 1 种，权威期刊 2 种，核心期刊 14 种，扩展期刊 7 种。

序号	全部刊名	主办单位	吸引力	管理力	影响力	总得分	期刊级别
1	文学评论	中国社会科学院文学研究所	57.8594	9	9.1722	76.0316	顶级
2	文学遗产	中国社会科学院文学研究所	56.2307	12.5	5.2228	73.9535	权威
3	外国文学研究	华中师范大学	52.5193	13.5	3.4501	69.4694	权威
4	文艺理论研究	中国文艺理论学会,华东师范大学	52.3535	11.5	4.8383	68.6918	核心
5	外国文学评论	中国社会科学院外国文学研究所	52.8817	9	4.3990	66.2807	核心
6	中国现代文学研究丛刊	中国现代文学馆	49.8498	9	5.1817	64.0315	核心
7	民族文学研究	中国社会科学院民族文学研究所	48.2208	9	2.6068	59.8276	核心
8	国外文学	北京大学	47.4756	9	2.7035	59.1791	核心
9	中国比较文学	上海外国语大学,中国比较文学学会	41.6688	12	4.1286	57.7974	核心
10	红楼梦学刊	中国艺术研究院	46.3978	9	2.3147	57.7125	核心
11	当代作家评论	辽宁省作家协会	43.2152	8	6.3214	57.5366	核心
12	文艺理论与批评	中国艺术研究院	45.3916	9	2.8568	57.2484	核心
13	文艺争鸣	吉林省文学艺术界联合会	43.6264	8	5.0880	56.7144	核心
14	外国文学	北京外国语大学	44.1779	8	4.1724	56.3503	核心
15	当代文坛	四川省作家协会	43.0946	10	2.9714	56.0660	核心
16	明清小说研究	江苏省社会科学院文学研究所明清小说研究中心	39.9990	10	2.2797	52.2787	核心
17	鲁迅研究月刊	北京鲁迅博物馆	41.7483	7	2.3065	51.0548	核心

续表

序号	全部刊名	主办单位	吸引力	管理力	影响力	总得分	期刊级别
18	文艺评论	黑龙江省文学艺术界联合会	38.8201	9	2.3635	50.1836	扩展
19	中国文学研究	湖南师范大学	38.2030	9	2.8026	50.0056	扩展
20	俄罗斯文艺	北京师范大学	39.3554	9	1.5894	49.9448	扩展
21	小说评论	陕西省作家协会	39.4755	7	3.1335	49.6090	扩展
22	世界华文文学论坛	江苏省社会科学院	33.4943	8	0.8122	42.3065	扩展
23	杜甫研究学刊	四川省杜甫学会，成都杜甫草堂博物馆	31.9398	9	0.5192	41.4590	扩展
24	蒲松龄研究	蒲松龄纪念馆	31.4542	9	0.5756	41.0298	扩展

（十六）心理学

该学科共收录7种期刊，其中：顶级期刊0种，权威期刊1种，核心期刊4种，扩展期刊2种。

序号	全部刊名	主办单位	吸引力	管理力	影响力	总得分	期刊级别
1	心理学报	中国心理学会，中国科学院心理研究所	53.8361	11	19.6637	84.4998	权威
2	心理科学	中国心理学会	55.0936	12.5	7.5748	75.1684	核心
3	心理科学进展	中国科学院心理研究所	48.6346	11	9.5542	69.1888	核心
4	心理发展与教育	北京师范大学	45.1567	12	7.5347	64.6914	核心
5	中国心理卫生杂志	中国心理卫生协会	38.3463	13.5	6.1653	58.0116	核心
6	心理学探新	江西师范大学	33.7546	11	5.6750	50.4296	扩展
7	应用心理学	浙江省心理学会，浙江大学	33.4170	9	6.7664	49.1834	扩展

（十七）新闻学与传播学

该学科共收录 11 种期刊，其中：顶级期刊 1 种，权威期刊 1 种，核心期刊 5 种，扩展期刊 4 种。

序号	全部刊名	主办单位	吸引力	管理力	影响力	总得分	期刊级别
1	新闻与传播研究	中国社会科学院新闻与传播研究所	54.1301	9	8.0259	71.1560	顶级
2	国际新闻界	中国人民大学	50.8448	12	6.3525	69.1973	权威
3	现代传播（中国传媒大学学报）	中国传媒大学	50.2199	10.5	7.7968	68.5167	核心
4	中国科技期刊研究	中国科学院自然科学期刊编辑研究会，中国科学院文献情报中心	45.2679	12.5	5.7730	63.5409	核心
5	编辑之友	山西出版集团	42.3249	11.5	5.9175	59.7424	核心
6	编辑学报	中国科学技术期刊编辑学会	42.3374	9	6.3375	57.6749	核心
7	中国出版	中国新闻出版传媒集团	41.4597	9	5.9031	56.3628	核心
8	新闻大学	复旦大学	41.8162	8	6.4833	56.2995	扩展
9	出版发行研究	中国新闻出版研究院	41.7758	9	5.3347	56.1105	扩展
10	编辑学刊	上海市编辑学会，上海世纪出版集团	33.4495	8	3.5932	45.0427	扩展
11	中国广播电视学刊	中国广播电视协会	32.0453	7	3.3400	42.3853	扩展

（十八）艺术学

该学科共收录16种期刊，其中：顶级期刊1种，权威期刊1种，核心期刊9种，扩展期刊5种。

序号	全部刊名	主办单位	吸引力	管理力	影响力	总得分	期刊级别
1	文艺研究	中国艺术研究院	53.4946	9	8.8007	71.2953	顶级
2	中央音乐学院学报	中央音乐学院	54.7017	12	4.2346	70.9363	权威
3	音乐研究	人民音乐出版社	53.2119	8	4.3669	65.5788	核心
4	音乐艺术（上海音乐学院学报）	上海音乐学院	50.7888	11	3.0388	64.8276	核心
5	戏剧（中央戏剧学院学报）	中央戏剧学院	47.8716	12	4.6022	64.4738	核心
6	民族艺术	广西民族文化艺术研究院	50.2390	8	3.9922	62.2312	核心
7	电影艺术	中国电影家协会	45.8568	10	3.6097	59.4665	核心
8	中国音乐学	中国艺术研究院	48.1901	7	4.2602	59.4503	核心
9	黄钟（中国·武汉音乐学院学报）	武汉音乐学院	43.8890	12	3.0744	58.9634	核心
10	艺术百家	江苏省文化艺术研究院	45.8413	9	4.1201	58.9614	核心
11	中国音乐	中国音乐学院	44.3745	10	3.4907	57.8652	核心
12	人民音乐	中国音乐家协会	46.2355	8	3.3120	57.5475	扩展
13	当代电影	中国电影艺术研究中心，中国传媒大学	44.3662	10	3.0140	57.3802	扩展

续表

序号	全部刊名	主办单位	吸引力	管理力	影响力	总得分	期刊级别
14	北京电影学院学报	北京电影学院	41.8761	11.5	2.2465	55.6226	扩展
15	美术研究	中央美术学院	44.9541	8	1.8964	54.8505	扩展
16	乐府新声（沈阳音乐学院学报）	沈阳音乐学院	36.2976	9	2.5572	47.8548	扩展

（十九）语言学

该学科共收录 32 种期刊，其中：顶级期刊 1 种，权威期刊 2 种，核心期刊 19 种，扩展期刊 10 种。

序号	全部刊名	主办单位	吸引力	管理力	影响力	总得分	期刊级别
1	中国语文	中国社会科学院语言研究所	66.0753	14	7.0777	87.1530	顶级
2	外语教学与研究	北京外国语大学	57.0786	12.5	7.9371	77.5157	权威
3	世界汉语教学	北京语言大学	52.7786	13	6.8417	72.6203	权威
4	当代语言学	中国社会科学院语言研究所	52.2886	13.5	6.6996	72.4882	核心
5	外国语（上海外国语大学学报）	上海外国语大学	53.5222	9	7.3504	69.8726	核心
6	语言科学	江苏师范大学语言研究所	51.8603	12	5.7330	69.5933	核心
7	现代外语	广东外语外贸大学	49.7336	12.5	6.5145	68.7481	核心
8	方言	中国社会科学院语言研究所	49.6028	13	4.5593	67.1621	核心

续表

序号	全部刊名	主办单位	吸引力	管理力	影响力	总得分	期刊级别
9	中国翻译	中国外文局对外传播研究中心，中国翻译协会	46.9352	11	6.7836	64.7188	核心
10	外语教学	西安外国语大学	45.3149	10.5	6.5539	62.3688	核心
11	语言研究	华中科技大学中国语言研究所	41.9906	12.5	6.1469	60.6375	核心
12	外语界	上海外国语大学	43.2054	11	6.2685	60.4739	核心
13	外语学刊	黑龙江大学	42.7483	12	5.4557	60.2040	核心
14	民族语文	中国社会科学院民族学与人类学研究所	45.8840	11	3.2475	60.1315	核心
15	语言教学与研究	北京语言大学	44.0919	10	5.9562	60.0481	核心
16	外语与外语教学（大连外国语学院学报）	大连外国语大学	45.7016	9	5.0108	59.7124	核心
17	外语研究	中国人民解放军国际关系学院	39.2237	12	5.9076	57.1313	核心
18	语言文字应用	教育部语言文字应用研究所	39.3775	12	5.5443	56.9218	核心
19	当代修辞学	复旦大学	40.4357	9	4.7076	54.1433	核心
20	解放军外国语学院学报	解放军外国语学院	40.1304	9	4.8755	54.0059	核心
21	汉语学习	延边大学	38.6981	10	4.8909	53.5890	核心
22	西安外国语大学学报	西安外国语大学	37.5590	10	4.0842	51.6432	核心
23	语文研究	山西省社会科学院	36.0376	8	6.2975	50.3351	扩展
24	中国科技翻译	中国科学院科技翻译工作者协会	34.0425	11	2.8055	47.8480	扩展
25	古汉语研究	湖南师范大学	36.3325	8	3.0363	47.3688	扩展

续表

序号	全部刊名	主办单位	吸引力	管理力	影响力	总得分	期刊级别
26	辞书研究	上海世纪出版股份有限公司上海辞书出版社	35.4958	9	2.1705	46.6663	扩展
27	上海翻译	上海市科技翻译学会	34.9214	7	4.0471	45.9685	扩展
28	外国语文	四川外国语大学	31.8586	10	3.0377	44.8963	扩展
29	语言与翻译	语言文字工作委员会	31.9954	9	1.9910	42.9864	扩展
30	北京第二外国语学院学报	北京第二外国语学院	29.2347	10.5	3.0229	42.7576	扩展
31	中国韵文学刊	中国韵文学会，湘潭大学	30.7729	8	1.0411	39.8140	扩展
32	汉字文化	北京国际汉字研究会	28.9615	7	1.3822	37.3437	扩展

（二十）哲学

该学科共收录 15 种期刊，其中：顶级期刊 1 种，权威期刊 2 种，核心期刊 7 种，扩展期刊 5 种。

序号	全部刊名	主办单位	吸引力	管理力	影响力	总得分	期刊级别
1	哲学研究	中国社会科学院哲学研究所	60.1676	9	11.2906	80.4582	顶级
2	哲学动态	中国社会科学院哲学研究所	52.4737	9	7.6166	69.0903	权威
3	道德与文明	中国伦理学会，天津社会科学院	46.0837	12.5	4.5478	63.1315	权威
4	科学技术哲学研究	山西大学，山西省自然辩证法研究会	46.6598	13	3.4015	63.0613	核心
5	伦理学研究	湖南师范大学	47.5791	11	3.1526	61.7317	核心
6	现代哲学	广东哲学学会	44.4219	12	4.7357	61.1576	核心

续表

序号	全部刊名	主办单位	吸引力	管理力	影响力	总得分	期刊级别
7	世界哲学	中国社会科学院哲学研究所	46.0044	8	5.2693	59.2737	核心
8	自然辩证法研究	中国自然辩证法研究会	43.7922	8.5	5.8400	58.1322	核心
9	周易研究	山东大学，中国周易学会	44.4229	10	3.2212	57.6441	核心
10	中国哲学史	中国哲学史学会	43.6696	7	5.8148	56.4844	核心
11	孔子研究	中国孔子基金会	40.7531	8	4.2426	52.9957	扩展
12	自然辩证法通讯	中国科学院大学	37.0286	11	3.9181	51.9467	扩展
13	自然科学史研究	中国科学院自然科学史研究所，中国科学技术史学会	34.7561	9	1.9447	45.7008	扩展
14	管子学刊	齐文化研究院	31.4760	9	2.0746	42.5506	扩展
15	船山学刊	湖南省社会科学界联合会	31.5830	8	2.3725	41.9555	扩展

（二十一）政治学

该学科共收录68种期刊，其中：顶级期刊1种，权威期刊2种，核心期刊42种，扩展期刊23种。

序号	全部刊名	主办单位	吸引力	管理力	影响力	总得分	期刊级别
1	世界经济与政治	中国社会科学院世界经济与政治研究所	56.4848	11	9.5785	77.0633	顶级
2	当代亚太	中国社会科学院亚太与全球战略研究院，中国亚洲太平洋学会	50.3490	12.5	9.7239	72.5729	权威
3	政治学研究	中国社会科学院政治学研究所	53.8085	11	6.0554	70.8639	权威

序号	全部刊名	主办单位	吸引力	管理力	影响力	总得分	期刊级别
4	国际问题研究	中国国际问题研究所	49.9519	13	6.7901	69.7420	核心
5	现代国际关系	中国现代国际关系研究院	52.0540	10	7.2799	69.3339	核心
6	欧洲研究	中国社会科学院欧洲研究所	52.2947	12	4.7893	69.0840	核心
7	外交评论	外交学院	49.8215	9	6.6234	65.4449	核心
8	国家行政学院学报	国家行政学院	48.2372	11	6.1626	65.3998	核心
9	中共中央党校学报	中共中央党校	50.8889	10.5	3.8543	65.2432	核心
10	美国研究	中国社会科学院美国研究所，中华美国学会	52.2240	9.5	3.4218	65.1458	核心
11	国际政治研究	北京大学	51.0798	9	3.6523	63.7321	核心
12	东北亚论坛	吉林大学	45.7910	12	5.9385	63.7295	核心
13	西亚非洲	中国社会科学院西亚非洲研究所	48.1270	11.5	2.8034	62.4304	核心
14	中国青年研究	中国青少年研究中心，中国青少年研究会	48.9518	9	3.8895	61.8413	核心
15	俄罗斯中亚东欧研究	中国社会科学院俄罗斯东欧中亚研究所	48.6416	9.5	2.9018	61.0434	核心
16	北京行政学院学报	北京行政学院	44.1802	12	3.7538	59.9340	核心
17	日本学刊	中国社会科学院日本研究所，中华日本学会	44.2377	10	5.0774	59.3151	核心
18	太平洋学报	中国太平洋学会	42.2314	13	3.8127	59.0441	核心
19	探索	中共重庆市委党校	45.1768	9	4.2247	58.4015	核心

续表

序号	全部刊名	主办单位	吸引力	管理力	影响力	总得分	期刊级别
20	俄罗斯研究	华东师范大学	41.5299	13.5	2.9712	58.0011	核心
21	上海行政学院学报	上海行政学院	42.5500	10	4.5100	57.0600	核心
22	理论探讨	中共黑龙江省委党校	43.6268	9	4.2591	56.8859	核心
23	东南亚研究	暨南大学东南亚研究所	44.2210	10	2.4073	56.6283	核心
24	求实	中共江西省委党校	42.4999	11	3.1056	56.6055	核心
25	国际论坛	北京外国语大学	42.0635	11	3.5365	56.6000	核心
26	党的文献	中共中央文献研究室，中央档案馆	45.5096	8	2.8586	56.3682	核心
27	中共浙江省委党校学报	中共浙江省委党校，浙江行政学院	41.2259	12.5	2.5493	56.2752	核心
28	南亚研究	中国社会科学院亚太与全球战略研究院，中国南亚学会	42.9231	11	2.2225	56.1456	核心
29	台湾研究集刊	厦门大学台湾研究院	40.1340	13	2.9153	56.0493	核心
30	拉丁美洲研究	中国社会科学院拉丁美洲研究所	43.1135	11	1.4763	55.5898	核心
31	新视野	中共北京市委党校，北京行政学院	42.8891	9	3.6173	55.5064	核心
32	江苏行政学院学报	江苏行政学院	41.3771	9	4.4051	54.7822	核心
33	理论与改革	中共四川省委党校	41.6120	9	3.2361	53.8481	核心
34	理论导刊	中共陕西省委党校	40.2229	11	2.4725	53.6954	核心
35	理论学刊	中共山东省委党校	42.5410	8	3.0413	53.5823	核心
36	台湾研究	中国社会科学院台湾研究所	38.8848	13	1.4816	53.3664	核心
37	国际观察	上海外国语大学	40.9516	8	4.2982	53.2498	核心
38	行政论坛	黑龙江省行政学院	40.0999	8	4.3989	52.4988	核心

续表

序号	全部刊名	主办单位	吸引力	管理力	影响力	总得分	期刊级别
39	中国青年政治学院学报	中国青年政治学院	41.7985	8	1.9915	51.7900	核心
40	中国高校社会科学	教育部高等学校社会科学发展研究中心	39.3479	10	2.2960	51.6439	核心
41	云南行政学院学报	云南行政学院	40.2600	9	2.1663	51.4263	核心
42	日本问题研究	河北大学	36.8442	13	1.5043	51.3485	核心
43	中共福建省委党校学报	中共福建省委党校	39.1247	9	2.4438	50.5685	核心
44	南京政治学院学报	中国人民解放军南京政治学院	36.9907	11	2.2810	50.2717	核心
45	德国研究	同济大学	38.9979	9	2.0242	50.0221	核心
46	广东行政学院学报	广东行政学院	38.3390	9	2.1727	49.5117	扩展
47	中国劳动关系学院学报	中国劳动关系学院	36.6258	11	1.5448	49.1706	扩展
48	天津行政学院学报	天津行政学院	35.7807	11	2.2971	49.0778	扩展
49	日本研究	辽宁大学日本研究所	37.7321	9	1.9587	48.6908	扩展
50	中共天津市委党校学报	中共天津市委党校	37.7325	9	1.9537	48.6862	扩展
51	南亚研究季刊	四川大学南亚研究所	37.1002	9	2.0930	48.1932	扩展
52	国际安全研究	国际关系学院	34.0625	12	2.0835	48.1460	扩展
53	中共宁波市委党校学报	中共宁波市委党校，宁波市行政学院，宁波市社会主义学院	33.8781	12.5	1.6352	48.0133	扩展
54	岭南学刊	中共广东省委党校	37.2675	9	1.7193	47.9868	扩展

续表

序号	全部刊名	主办单位	吸引力	管理力	影响力	总得分	期刊级别
55	中国井冈山干部学院学报	中国井冈山干部学院	34.4917	10	1.9310	46.4227	扩展
56	中共杭州市委党校学报	中共杭州市委党校,杭州行政学院	32.6120	12	1.0615	45.6735	扩展
57	长白学刊	中共吉林省委党校	35.3296	8	2.2749	45.6045	扩展
58	理论与现代化	天津市社会科学界联合会	32.7107	11	1.4330	45.1437	扩展
59	行政与法	吉林省行政学院	33.9669	9	1.7822	44.7491	扩展
60	甘肃理论学刊	中共甘肃省委党校	33.0556	8	1.6420	42.6976	扩展
61	外国问题研究	东北师范大学	31.7274	10	0.7711	42.4985	扩展
62	湖北行政学院学报	中共湖北省委党校,湖北省行政学院	33.1124	7	1.8805	41.9929	扩展
63	西伯利亚研究	黑龙江省社会科学院	31.6192	9	0.8027	41.4219	扩展
64	和平与发展	和平与发展研究中心	31.3939	7	2.1020	40.4959	扩展
65	攀登	中共青海省委党校,青海省行政学院,青海省社会主义学院	29.8560	10	0.6028	40.4588	扩展
66	中共山西省委党校学报	中共山西省委党校,山西行政学院	30.5342	8	1.0442	39.5784	扩展
67	中共云南省委党校学报	中共云南省委党校	31.4258	7	1.0764	39.5022	扩展
68	军队政工理论研究	中国人民解放军南京政治学院	29.6129	8	0.4086	38.0215	扩展

（二十二）宗教学

该学科共收录2种期刊，其中：顶级期刊0种，权威期刊0种，核心期刊 2 种，扩展期刊 0 种。

序号	全部刊名	主办单位	吸引力	管理力	影响力	总得分	期刊级别
1	世界宗教研究	中国社会科学院世界宗教研究所	56. 3012	9	8. 2004	73. 5016	核心
2	宗教学研究	四川大学道教与宗教文化研究所	49. 3250	12	6. 3521	67. 6771	核心

（二十三）综合性人文社会科学

该学科共收录 187 种期刊，其中：顶级期刊 1 种，权威期刊 4 种，核心期刊 120 种，扩展期刊 62 种。

序号	全部刊名	主办单位	吸引力	管理力	影响力	总得分	期刊级别
1	中国社会科学	中国社会科学院	73. 8798	14	31. 3806	119. 2604	顶级
2	中国人民大学学报	中国人民大学	58. 7453	12. 5	10. 6268	81. 8721	权威
3	北京师范大学学报（社会科学版）	北京师范大学	59. 0523	11. 5	7. 3242	77. 8765	权威
4	北京大学学报（哲学社会科学版）	北京大学	56. 5825	10. 5	10. 5335	77. 6160	权威
5	清华大学学报（哲学社会科学版）	清华大学	56. 2575	10	10. 6481	76. 9056	权威
6	华中师范大学学报（人文社会科学版）	华中师范大学	52. 6539	12. 5	10. 4543	75. 6082	核心

续表

序号	全部刊名	主办单位	吸引力	管理力	影响力	总得分	期刊级别
7	南京大学学报(哲学·人文科学·社会科学)	南京大学	53.8896	10.5	11.2158	75.6054	核心
8	文史哲	山东大学	57.8605	10	7.2764	75.1369	核心
9	社会科学战线	吉林省社会科学院	56.8178	9	9.2328	75.0506	核心
10	复旦学报(社会科学版)	复旦大学	55.4977	11	8.3987	74.8964	核心
11	浙江大学学报(人文社会科学版)	浙江大学	53.4721	12.5	8.5828	74.5549	核心
12	学术月刊	上海市社会科学界联合会	53.5648	9	11.0515	73.6163	核心
13	社会科学	上海社会科学院	51.3436	10	12.0721	73.4157	核心
14	吉林大学社会科学学报	吉林大学	54.9625	9	7.3788	71.3413	核心
15	江苏社会科学	江苏社会科学杂志社	50.5557	13	6.8079	70.3636	核心
16	武汉大学学报(哲学社会科学版)	武汉大学	54.2066	12.5	3.5582	70.2648	核心
17	中山大学学报(社会科学版)	中山大学	52.2204	11.5	6.2976	70.0180	核心
18	求是学刊	黑龙江大学	49.6444	13.5	5.8348	68.9792	核心
19	江海学刊	江苏省社会科学院	48.9652	10.5	9.4797	68.9449	核心
20	社会科学研究	四川省社会科学院	48.7539	12	6.8909	67.6448	核心

续表

序号	全部刊名	主办单位	吸引力	管理力	影响力	总得分	期刊级别
21	华东师范大学学报（哲学社会科学版）	华东师范大学	50.1839	12.5	4.7374	67.4213	核心
22	学术研究	广东省社会科学界联合会	50.0137	9	8.3523	67.3660	核心
23	厦门大学学报（哲学社会科学版）	厦门大学	49.1086	11	6.0957	66.2043	核心
24	江汉论坛	湖北省社会科学院	47.2730	12	6.2236	65.4966	核心
25	南京社会科学	南京市社会科学界联合会，南京市社会科学院	48.1998	11	6.2846	65.4844	核心
26	学习与探索	黑龙江省社会科学院	49.2994	9	7.1527	65.4521	核心
27	国外社会科学	中国社会科学院信息情报研究院	49.2845	11.5	4.5083	65.2928	核心
28	东北师大学报（哲学社会科学版）	东北师范大学	49.0012	12.5	3.5006	65.0018	核心
29	南开学报（哲学社会科学版）	南开大学	49.6390	10	5.3155	64.9545	核心
30	贵州社会科学	贵州省社会科学院	45.5222	14	4.8003	64.3225	核心
31	开放时代	广州市社会科学院	42.0284	13	8.7074	63.7358	核心
32	浙江社会科学	浙江省社会科学界联合会	47.6941	10	5.9677	63.6618	核心
33	湖北大学学报（哲学社会科学版）	湖北大学	47.7115	12.5	3.3437	63.5552	核心

续表

序号	全部刊名	主办单位	吸引力	管理力	影响力	总得分	期刊级别
34	湖南师范大学社会科学学报	湖南师范大学	46.2978	12.5	4.7253	63.5231	核心
35	江西社会科学	江西省社会科学院	47.4801	10	5.7079	63.1880	核心
36	探索与争鸣	上海市社会科学界联合会	48.1019	8	6.5474	62.6493	核心
37	河北学刊	河北省社会科学院	45.2118	11	6.4351	62.6469	核心
38	山东大学学报（哲学社会科学版）	山东大学	47.8957	10.5	4.2383	62.6340	核心
39	山东社会科学	山东省社会科学界联合会	47.7030	9	5.7599	62.4629	核心
40	天津社会科学	天津社会科学院	48.0906	8	6.1945	62.2851	核心
41	陕西师范大学学报（哲学社会科学版）	陕西师范大学	47.0979	10	5.0849	62.1828	核心
42	思想战线	云南大学	46.8503	10	5.2542	62.1045	核心
43	兰州大学学报（社会科学版）	兰州大学	46.1879	13	2.7856	61.9735	核心
44	广东社会科学	广东省社会科学院	46.4127	10	5.0819	61.4946	核心
45	暨南学报（哲学社会科学版）	暨南大学	45.2175	12.5	3.7093	61.4268	核心
46	四川大学学报（哲学社会科学版）	四川大学	47.3421	10	4.0559	61.3980	核心

序号	全部刊名	主办单位	吸引力	管理力	影响力	总得分	期刊级别
47	人文杂志	陕西省社会科学院	46.5230	9	5.4318	60.9548	核心
48	浙江学刊	浙江省社会科学院	45.8840	9	5.6080	60.4920	核心
49	东岳论丛	山东省社会科学院	46.3248	9	4.5761	59.9009	核心
50	中州学刊	河南省社会科学院	45.9096	9	4.8621	59.7717	核心
51	社会科学辑刊	辽宁省社会科学院	46.3303	9	4.0903	59.4206	核心
52	武汉大学学报（人文科学版）	武汉大学	43.9926	12.5	2.8285	59.3211	核心
53	新疆师范大学学报（哲学社会科学版）	新疆师范大学	43.1107	12.5	3.4688	59.0795	核心
54	安徽大学学报（哲学社会科学版）	安徽大学	43.3316	12.5	3.1409	58.9725	核心
55	西南大学学报（社会科学版）	西南大学	42.6495	11.5	4.8100	58.9595	核心
56	学术界	安徽省社会科学界联合会	45.6926	9	4.2655	58.9581	核心
57	东北大学学报（社会科学版）	东北大学	44.4043	12.5	1.9456	58.8499	核心
58	华中科技大学学报（社会科学版）	华中科技大学	42.5300	13	3.0858	58.6158	核心
59	学海	江苏省社会科学院	44.2899	9	5.3081	58.5980	核心
60	中国社会科学院研究生院学报	中国社会科学院研究生院	44.8169	10	3.7242	58.5411	核心

续表

序号	全部刊名	主办单位	吸引力	管理力	影响力	总得分	期刊级别
61	南京师大学报（社会科学版）	南京师范大学	43.5149	10	4.9799	58.4948	核心
62	上海师范大学学报（哲学社会科学版）	上海师范大学	42.8008	10	5.5642	58.3650	核心
63	西安交通大学学报（社会科学版）	西安交通大学	42.5872	12.5	3.2285	58.3157	核心
64	河北大学学报（哲学社会科学版）	河北大学	41.8696	13	3.3552	58.2248	核心
65	北京社会科学	北京市社会科学院	43.9021	11.5	2.6621	58.0642	核心
66	东南大学学报（哲学社会科学版）	东南大学	41.4533	14	2.4207	57.8740	核心
67	山西大学学报（哲学社会科学版）	山西大学	44.1708	10	3.4548	57.6256	核心
68	华南师范大学学报（社会科学版）	华南师范大学	42.7866	11.5	3.1998	57.4864	核心
69	中国地质大学学报（社会科学版）	中国地质大学	42.1245	11.5	3.6574	57.2819	核心
70	齐鲁学刊	曲阜师范大学	43.6452	10	3.4683	57.1135	核心

续表

序号	全部刊名	主办单位	吸引力	管理力	影响力	总得分	期刊级别
71	苏州大学学报（哲学社会科学版）	苏州大学	42.8160	9.5	4.7055	57.0215	核心
72	东南学术	福建省社会科学界联合会	44.8088	8	3.7623	56.5711	核心
73	上海大学学报（社会科学版）	上海大学	40.0154	11.5	4.6803	56.1957	核心
74	四川师范大学学报（社会科学版）	四川师范大学	44.1202	9	2.9827	56.1029	核心
75	湖北社会科学	湖北省社会科学界联合会，湖北省社会科学院	42.6929	10	3.1420	55.8349	核心
76	河南大学学报（社会科学版）	河南大学	41.2736	10	4.5420	55.8156	核心
77	西北大学学报（哲学社会科学版）	西北大学	42.4119	10	3.3935	55.8054	核心
78	重庆大学学报（社会科学版）	重庆大学	41.8644	10	3.6969	55.5613	核心
79	云南师范大学学报（哲学社会科学版）	云南师范大学	41.1244	10	4.1339	55.2583	核心
80	深圳大学学报（人文社会科学版）	深圳大学	40.7952	11	3.4409	55.2361	核心

续表

序号	全部刊名	主办单位	吸引力	管理力	影响力	总得分	期刊级别
81	湖南社会科学	湖南省社会科学界联合会	42.8793	9	3.1826	55.0619	核心
82	内蒙古社会科学	内蒙古自治区社会科学院	40.9987	11.5	2.4599	54.9586	核心
83	湖南大学学报（社会科学版）	湖南大学	41.7772	10	3.0297	54.8069	核心
84	甘肃社会科学	甘肃省社会科学院	40.2641	9	5.4375	54.7016	核心
85	郑州大学学报（哲学社会科学版）	郑州大学	41.8586	9	3.7151	54.5737	核心
86	河南社会科学	河南省社会科学界联合会	41.1099	9	4.4117	54.5216	核心
87	学术交流	黑龙江省社会科学界联合会	41.5469	9	3.9273	54.4742	核心
88	西北师大学报（社会科学版）	西北师范大学	41.8538	9	3.3037	54.1575	核心
89	江淮论坛	安徽省社会科学院	39.8683	10	4.2335	54.1018	核心
90	福建师范大学学报（哲学社会科学版）	福建师范大学	41.3414	9	3.0908	53.4322	核心
91	首都师范大学学报（社会科学版）	首都师范大学	41.4987	9	2.8383	53.3370	核心
92	福建论坛（人文社会科学版）	福建省社会科学院	40.8383	9	3.4885	53.3268	核心

序号	全部刊名	主办单位	吸引力	管理力	影响力	总得分	期刊级别
93	湖南科技大学学报（社会科学版）	湖南科技大学	38.3255	11.5	3.4424	53.2679	核心
94	求索	湖南省社会科学院	45.1780	3	4.7382	52.9162	核心
95	上海交通大学学报（哲学社会科学版）	上海交通大学	40.2946	9	3.3159	52.6105	核心
96	杭州师范大学学报（社会科学版）	杭州师范大学	36.3203	13.5	2.6060	52.4263	核心
97	中国农业大学学报（社会科学版）	中国农业大学	38.1736	10	4.2463	52.4199	核心
98	安徽师范大学学报（人文社会科学版）	安徽师范大学	38.4612	11.5	2.1514	52.1126	核心
99	社会科学家	桂林市社会科学界联合会，《社会科学家》编辑委员会	41.0281	8	2.9234	51.9515	核心
100	学术论坛	广西社会科学院	40.9006	7	3.7481	51.6487	核心
101	天府新论	四川省社会科学界联合会	37.2507	11.5	2.8551	51.6058	核心
102	同济大学学报（社会科学版）	同济大学	39.7558	9	2.6466	51.4024	核心
103	北方论丛	哈尔滨师范大学	37.6955	11	2.3217	51.0172	核心
104	广西社会科学	广西壮族自治区社会科学界联合会	38.2026	10	2.6941	50.8967	核心

续表

序号	全部刊名	主办单位	吸引力	管理力	影响力	总得分	期刊级别
105	广西师范大学学报（哲学社会科学版）	广西师范大学	38.2186	10.5	2.1231	50.8417	核心
106	天津大学学报（社会科学版）	天津大学	37.1106	12.5	1.2040	50.8146	核心
107	天津师范大学学报（社会科学版）	天津师范大学	38.8801	9	2.8044	50.6845	核心
108	辽宁大学学报（哲学社会科学版）	辽宁大学	38.2420	10	2.4189	50.6609	核心
109	云南社会科学	云南省社会科学院	39.2603	8	3.2462	50.5065	核心
110	湘潭大学学报（哲学社会科学版）	湘潭大学	38.2965	9	3.0377	50.3342	核心
111	哈尔滨工业大学学报（社会科学版）	哈尔滨工业大学	36.2460	11.5	2.3913	50.1373	核心
112	武汉理工大学学报（社会科学版）	武汉理工大学	35.2712	12.5	2.2619	50.0331	核心
113	河南师范大学学报（哲学社会科学版）	河南师范大学	37.7133	8	3.7242	49.4375	核心
114	河北师范大学学报（哲学社会科学版）	河北师范大学	36.7849	10	2.4471	49.2320	核心

序号	全部刊名	主办单位	吸引力	管理力	影响力	总得分	期刊级别
115	浙江师范大学学报（社会科学版）	浙江师范大学	37.2995	10	1.6209	48.9204	核心
116	重庆理工大学学报（社会科学版）	重庆理工大学	34.0178	12.5	1.9949	48.5127	核心
117	吉首大学学报（社会科学版）	吉首大学	33.6936	11	3.6917	48.3853	核心
118	理论月刊	湖北省社会科学界联合会	36.2578	9	2.7843	48.0421	核心
119	海南大学学报（人文社会科学版）	海南大学	34.2604	12	1.6993	47.9597	核心
120	重庆邮电大学学报（社会科学版）	重庆邮电大学	32.5614	12.5	2.8515	47.9129	核心
121	云南大学学报（社会科学版）	云南大学	35.6630	9.5	2.4841	47.6471	核心
122	宁夏社会科学	宁夏社会科学院	36.3913	9	1.9378	47.3291	核心
123	南昌大学学报（人文社会科学版）	南昌大学	34.3620	10	2.5672	46.9292	核心
124	江苏大学学报（社会科学版）	江苏大学	32.4948	11.5	2.7878	46.7826	核心
125	学术探索	云南省社会科学界联合会	33.7996	10	2.2782	46.0778	核心

续表

序号	全部刊名	主办单位	吸引力	管理力	影响力	总得分	期刊级别
126	山东师范大学学报（人文社会科学版）	山东师范大学	31.4304	11	3.6460	46.0764	扩展
127	山西师大学报（社会科学版）	山西师范大学	34.9453	9	2.0650	46.0103	扩展
128	重庆工商大学学报（社会科学版）	重庆工商大学	31.1435	12.5	2.1233	45.7668	扩展
129	北京联合大学学报（人文社会科学版）	北京联合大学	30.8632	12.5	2.3455	45.7087	扩展
130	新疆社会科学	新疆社会科学院	34.9681	9	1.3154	45.2835	扩展
131	宁波大学学报（人文科学版）	宁波大学	30.9437	12.5	1.5753	45.0190	扩展
132	青海社会科学	青海省社会科学院	33.8959	9	2.0784	44.9743	扩展
133	北京交通大学学报（社会科学版）	北京交通大学	33.3536	10	1.1546	44.5082	扩展
134	浙江工商大学学报	浙江工商大学	31.0195	10.5	2.5399	44.0594	扩展
135	北京林业大学学报（社会科学版）	北京林业大学	29.0099	14	1.0382	44.0481	扩展

续表

序号	全部刊名	主办单位	吸引力	管理力	影响力	总得分	期刊级别
136	广西大学学报（哲学社会科学版）	广西大学	32.9486	9	2.0505	43.9991	扩展
137	沈阳师范大学学报（社会科学版）	沈阳师范大学	30.8209	11	1.2613	43.0822	扩展
138	江汉学术	江汉大学	29.2839	12.5	1.0014	42.7853	扩展
139	广州大学学报（社会科学版）	广州大学	30.4068	11	1.3143	42.7211	扩展
140	华南理工大学学报（社会科学版）	华南理工大学	30.1269	11.5	1.0514	42.6783	扩展
141	四川理工学院学报（社会科学版）	四川理工学院	28.2671	11	3.3925	42.6596	扩展
142	江西师范大学学报（哲学社会科学版）	江西师范大学	30.3349	9	2.6799	42.0148	扩展
143	江苏师范大学学报（哲学社会科学版）	江苏师范大学	30.1905	10	1.4751	41.6656	扩展
144	江汉大学学报（社会科学版）	江汉大学	29.0765	11.5	1.0557	41.6322	扩展
145	华侨大学学报（哲学社会科学版）	华侨大学	29.2892	11	1.2344	41.5236	扩展
146	殷都学刊	安阳师范学院	31.5459	9	0.9265	41.4724	扩展

续表

序号	全部刊名	主办单位	吸引力	管理力	影响力	总得分	期刊级别
147	内蒙古大学学报（哲学社会科学版）	内蒙古大学	27.9958	11.5	1.9738	41.4696	扩展
148	南通大学学报（社会科学版）	南通大学	30.2322	9	2.2218	41.4540	扩展
149	内蒙古师范大学学报[哲学社会科学（汉文）版]	内蒙古师范大学	30.0793	10	1.3305	41.4098	扩展
150	福州大学学报（哲学社会科学版）	福州大学	31.1652	9	1.1771	41.3423	扩展
151	南华大学学报（社会科学版）	南华大学	27.8296	12.5	0.8078	41.1374	扩展
152	北京工业大学学报（社会科学版）	北京工业大学	29.3177	10	1.5268	40.8445	扩展
153	新疆大学学报（哲学·人文社会科学版）	新疆大学	30.7680	9	0.9916	40.7596	扩展
154	贵州师范大学学报（社会科学版）	贵州师范大学	30.1143	9	1.4607	40.5750	扩展
155	青海师范大学学报（哲学社会科学版）	青海师范大学	28.0804	11	0.8613	39.9417	扩展

序号	全部刊名	主办单位	吸引力	管理力	影响力	总得分	期刊级别
156	重庆社会科学	重庆社会科学院	29.5835	8	2.3284	39.9119	扩展
157	辽宁师范大学学报（社会科学版）	辽宁师范大学	29.6214	9	1.1716	39.7930	扩展
158	扬州大学学报（人文社会科学版）	扬州大学	28.2850	9	2.4841	39.7691	扩展
159	烟台大学学报（哲学社会科学版）	烟台大学	28.5460	9	2.1609	39.7069	扩展
160	吉林师范大学学报（人文社会科学版）	吉林师范大学	29.6848	9	0.9938	39.6786	扩展
161	东疆学刊	延边大学	28.3832	9	2.1156	39.4988	扩展
162	延安大学学报（社会科学版）	延安大学	28.4462	10	0.7704	39.2166	扩展
163	延边大学学报（社会科学版）	延边大学	28.1869	9	1.8579	39.0448	扩展
164	贵州大学学报（社会科学版）	贵州大学	28.5867	9	1.1235	38.7102	扩展
165	黑龙江社会科学	黑龙江省社会科学院	30.9956	6	1.5199	38.5155	扩展
166	社会科学论坛	河北省社会科学界联合会	28.5946	7	2.4620	38.0566	扩展
167	南阳师范学院学报	南阳师范学院	28.0027	9	0.9609	37.9636	扩展

续表

序号	全部刊名	主办单位	吸引力	管理力	影响力	总得分	期刊级别
168	晋阳学刊	山西省社会科学院	27.5453	8	2.2444	37.7897	扩展
169	河北科技大学学报（社会科学版）	河北科技大学	26.9732	10	0.7340	37.7072	扩展
170	重庆师范大学学报（哲学社会科学版）	重庆师范大学	26.7285	9.5	1.4610	37.6895	扩展
171	南都学坛	南阳师范学院	27.0332	9	1.6020	37.6352	扩展
172	海南师范大学学报（社会科学版）	海南师范大学	27.0831	9	1.1882	37.2713	扩展
173	云梦学刊	湖南理工学院	26.5708	9	1.4240	36.9948	扩展
174	宁夏大学学报（人文社会科学版）	宁夏大学	27.6627	8	1.0798	36.7425	扩展
175	浙江树人大学学报	浙江树人大学	24.4616	11.5	0.6439	36.6055	扩展
176	科学·经济·社会	兰州大学	27.7050	8	0.8132	36.5182	扩展
177	成都大学学报（社会科学版）	成都大学	25.6186	10	0.7313	36.3499	扩展
178	东方论坛	青岛大学	26.0727	9	1.1951	36.2678	扩展
179	汕头大学学报（人文社会科学版）	汕头大学	25.9448	9	1.0943	36.0391	扩展
180	社科纵横	甘肃省社会科学界联合会	26.8556	7.5	1.6385	35.9941	扩展

续表

序号	全部刊名	主办单位	吸引力	管理力	影响力	总得分	期刊级别
181	商丘师范学院学报	商丘师范学院	25.2475	10	0.5164	35.7639	扩展
182	湖北师范学院学报（哲学社会科学版）	湖北师范学院	25.4250	9.5	0.7702	35.6952	扩展
183	唐都学刊	西安文理学院	25.5347	9	0.8831	35.4178	扩展
184	西华师范大学学报（哲学社会科学版）	西华师范大学	25.1722	9	0.6681	34.8403	扩展
185	信阳师范学院学报（哲学社会科学版）	信阳师范学院	24.6578	9	1.0602	34.7180	扩展
186	阅江学刊	南京信息工程大学	24.0057	9	1.4607	34.4664	扩展
187	西安文理学院学报（社会科学版）	西安文理学院	24.5992	9	0.3919	33.9911	扩展

附录二

马克思主义理论学科期刊编辑队伍情况（2009—2013 年）

马克思主义理论学科期刊编辑队伍情况（2009—2013 年）

序号	刊名	著录项目数量	顾问	编辑委员会主任	编辑委员会副主任	编辑委员会委员	社长	副社长	主编	副主编	编辑部主任	编辑部副主任	编辑	执行主编（本期）（编辑）
1	当代世界社会主义问题	6	2010—2014（7人）赵曜、靳叙彝、胡瑾、李兴耕、奚广庆、黄宗良	2010—2014 刘玉安	2014 葛奎、王韶兴	2010—2013（32人）于建嵘、王学东、王建民、王韶兴、方雷、包心鉴、冯克利、孙晓村、刘玉安、刘京希、李景治、张光明、张铭、张锡恩、余金成、周向军、杨阳、杨鲁慧、徐世澄、徐觉哉、徐艳玲、唐鸣、崔桂田、曹苊强、程玉海、葛奎、蒋锐、臧秀玲、魏恩政；2014（26人）比2013年减少王学玉、孙晓村、周向军、杨阳、杨鲁慧、臧秀玲	无	无	王建民	2010—2014 蒋锐	无	无		无

续表

序号	刊名	著录项目数量	顾问	编辑委员会主任	编辑委员会副主任	编辑委员会委员	社长	副社长	主编	副主编	编辑部主任	编辑部副主任	编辑	执行主编（本期）（编辑）（本期）
2	当代世界与社会主义	9	2010（15人）王天玺、王学东、石仲泉、刘海藩、李君如、李忠杰、张全景、冷溶、连锦聚、赵暖、顾海良、顾锦屏、谢维和、蔡武；2011（16人）比2010年增加李书磊；2012—2013比2011年加于洪君、衣俊卿、俞可平、魏海生；2014（20人）比2013年减少衣俊卿，增加贾高建	无	无	该刊设有"专家委员会"，无"编辑委员会委员"。2010（32人）于洪君、王章维、邢广程、杨世文、汪青江、宋萌荣、李书磊、李良栋、李景治、杜燕凌、严书翰、赵云锁、胡元明、胡元梓、秦姜述贤、郭业洲、高自龙、高健生、秦宣、徐勇、商志晓、章国贤、黄百炼、黄宗良、梁树发、程玉海、潘国良；2011（30人）比2010年减少王章维、李书磊；2012—2014（26人）比2011年减少沈云锁、赵子平	2010—2011 张成成；2012—2014 无此项	无	2009—2011 李正矩；2012—2014 许宝友	2010—2011 戴隆斌、李景治；2012—2014 戴隆斌、王瑾、李景治	2010—2011 王瑾；2012—2014 彭萍萍	2010—2011 无；2012—2014 吕楠	2010—2011 彭萍萍、吕楠、李梅；2012—2014 此项改为"编辑部"	2010—2014 设"本期执行编辑"项

续表

序号	刊名	著录项目数量	顾问	编辑委员会主任	编辑委员会副主任	编辑委员会委员	社长	副社长	主编	副主编	编辑部主任	编辑部副主任	编辑	执行主编（本期）（编辑）
3	国外理论动态	8	无	2010—2011 无该项；2012 开设"社委会主任"；2012—2014 何增科	2010—2011 无该项；2012 开设"社委会副主任"；2012—2014 杨雪冬	无	2010—2011 李其庆；2012—2014 无此项	无	2009—2011 赖海榕；2012 刘元琪；2013 苑洁	2010—2011 王新颖；晓武；2012 苑洁、陈家刚；2013 苑洁、阎键；2014 阎键、徐元宫	2010 黄晓武；2011 黄（兼）；2012—2014 周艳辉	2010—2011 周艳辉；2012—2013 无"编辑部副主任"项；2014 徐焕	无	2010—2014 设"执行编辑"项
4	教学与研究	2	无	无	无	无	无	无	2009—2011 梁树发；2012—2013 齐鹏飞；2014 秦宣	2010—2014 陈翔云	无	无	无	无

续表

序号	刊名	著录项目数量	顾问	编辑委员会主任	编辑委员会副主任	编辑委员会委员	社长	副社长	主编	副主编	编辑部主任	编辑部副主任	编辑	执行主编（编辑）（本期）
5	科学社会主义	9	2010—2014（28人）马德太、王怀超、卢之超、江流、李忠杰、李耀慨明、许征帆、刘海涛、吴桐、冷溶、汤有伦、严书翰、宋萌荣、赵林炎志、周锡荣、贾建芳、曜、徐崇温、秦刚、秦宣、陶志民、黄宪起、黄百练、黄宪宜、靳辉明	无	无	2010—2011（12人）王中汝、王道勇、叶庆丰、白平浩、刘俊杰、朱可辛、青连斌、胡振良、赵宏、郭强、粟波、常欣欣；2012—2014（12人）比2011年增加蒲长春，减少王中汝	2010—2014 叶庆丰	2010—2014 刘俊杰	2010—2014 叶庆丰	2010—2014 胡振良、白平浩	2010—2014 赵国良	2010—2014 郭强、胡秀荣	无	2010—2014 设"本期执行主编"项
6	马克思主义研究	6	无	2010 靳辉明；2011—2014 李崇富	2010 程恩富、李崇富；2011—2013 侯惠勤；2013 程恩富、侯惠勤	2010（24人）田心铭、冯颜利、刘淑春、李崇富、杨河、吴恩远、罗文东、秦孟、张顺洪、张祖英、林岗、赵智奎、胡乐明、侯惠勤、夏春、诺、高翔、程恩富、新辉明、翟胜明、[美]大卫·斯维特卡特、[日]伊藤诚、[法]安托尼·卡萨罗瓦、[俄]恩、Г. А. 巴加图利亚	无	无	2010—2014 程恩富；设"名誉主编"项	无	2010—2012 无此项；2013—2014 翟胜明	无	无	无

续表

序号	刊名	著录项目数量	顾问	编辑委员会主任	编辑委员会副主任	编辑委员会委员	社长	副社长	主编	副主编	编辑部主任	编辑部副主任	编辑	执行主编（本期执行主编/编辑）
7	马克思主义与现实	9	无	2012 年起设立"社委会主任"；2012—2014 季正矩	2012 年起设立"社委会副主任"；2012—2013 李惠斌；2014 李惠斌、冯雷	2011—2012（23 人）比 2010 年减少靳辉明；2013—2014（21 人）比 2012 年减少吴波、张祖英、夏春涛、瞿胜明；2014 程恩富、邓纯东、侯惠勤	2010—2011 何增科；2012—2014 取消"社长"项	2010—2011 薛晓源	2010—2013 李崇富；2014 邓纯东	2010—2011 周家凡、陈晓刚；2012 黄晓武、周凡；2013 孔明安、黄晓武、李义天；2014 黄晓武、李义天	2010—2011 苑洁；2012—2013 李义天；2014 郑锦	2010—2011 严海波；2012—2014 陈喜贵		2010—2011 设"本期执行编辑"；2012—2013 无"本期执行编辑"项；2014 又设"本期执行编辑"

续表

序号	刊名	著录项目数量	顾问	编辑委员会主任	编辑委员会副主任	编辑委员会委员	社长	副社长	主编	副主编	编辑部主任	编辑部副主任	编辑	执行主编(本期)(编辑)
8	毛泽东邓小平理论研究	8	2010—2014 (7人) 郑必坚、逄先知、厉无畏、王伟光、邢贲思、李君如、李捷	2010—2012 潘世伟; 2013—2014 李琪	2010—2011 童世骏、左学金; 2012 左学金; 2013—2014 潘世伟	2010—2011 (25人) 王荣华、王贻志、方松华、尹继佐、左学金、叶辛、刘世军、张幼文、沈国明、杨耕、杨建文、周建明、周振华、周锦尉、洪民荣、桑玉成、王成、荣跃明、顾肖荣、黄仁伟、曹仁伟、梁树发、童世骏、谢京辉、潘世伟、熊月之; 2012 (22人) 比2011年减少王贻志、叶辛、杨耕、杨洲雁,增加磨练雁; 2013 (24人) 比2012年增加了王成、叶振、顾肖荣、李琪、减少了周锦尉、熊月之; 2014 (25人) 比2013年增加季桂保	无	无	2010—2014 潘世伟	2010—2011 第一副主编: 童世骏, 2012年—2014年此项取消; 2010—2012 副主编: 刘世军、方松华、曹冰鑫; 2013—2014 副主编: 方桂宝、松华、曹鑫(常务)	2010—2014 杨卫 (2010年时直接列出"编辑部主任"项, 2011—2014年则在"编辑"项中每个人的名字后面列出其职务)	无	2010 此项无; 2011 负责编辑、翻译、校对、译等内容	无

续表

序号	刊名	著录项目数量	顾问	编辑委员会主任	编辑委员会副主任	编辑委员会委员	社长	副社长	主编	副主编	编辑部主任	编辑部副主任	编辑	(本期)执行主编(编辑)
9	毛泽东思想研究	3	无	无	无	无	无	无	2009 孙成民;2011—2014 杨先农	2010 副主编:杨先农(常务)、胡学举;2011—2014 撤销"副主编"项;2011—2014 设"常务副主编":胡学举	无	无	设"统校"和"技术编辑"项	无
10	社会主义研究	4	无	无	无	自 2014 年起增设"学术委员会"项:2014(22 人)王怀超、王建民、王绍兴、李景治、宋萌荣、吴家庆、肖贵清、张光明、季正聚、胡元梓、胡振良、项继权、俞良早、秦在东、唐鸣、贾建芳、聂运麟、秦刚、徐勇、程又中、蒲国良	无	无	2010—2014 程又中	2010—2012 陈伟东;2013—2014 王建国	无	无	无	2010—2014 设"本期执行编辑"项

续表

序号	刊名	著录项目数量	顾问	编辑委员会主任	编辑委员会副主任	编辑委员会委员	社长	副社长	主编	副主编	编辑部主任	编辑部副主任	编辑	(本期)执行主编(编辑)
11	思想政治教育研究	6	2010—2012 无此项；2013—2014 (8人) 李文忠、杨振斌、徐奎杰、郑永廷、张耀灿、陈秉公、张翔、赵敏	2010—1012 无此项；2013—2014 高军	无	2010—2012 无此项；2013—2014 (38人) 马启民、万美容、王宏斌、王忠桥、王树荫、刘光慧、刘建军、宋进、吴潜涛、刘谦祺、李毅、李辉、李庆华、张奎良、陆岩、陈文斌、沈壮海、罗洪铁、欧阳康、周向军、杨淑珍、赵达福、祝福恩、路郁廷、祖嘉合、顾钰民、倪德刚、高军、高国希、徐建军、桑玉成、黄蓉生、崔玉祥、梅荣政、韩振峰、裴杰、魏潆	无	无	2010—2014 陆岩	2010—2011 杨淑珍；2012—2014 撤销此项；2012—2014 增设"常务副主编"：杨淑珍		无	无	2010—2014 设"本期黄任此项"
12	中共党史研究	5	无	2010—2014 欧阳淞	2010—2011 曲青山；2012—2014 高永中	2010—2012 (26人) 牛大勇、石仲泉、龙新民、曲青山、吕世光、朱佳木、任贵祥、齐德学、孙大力、李向前、李君如、李忠杰、杨凤城、何理、陈静如、陈夕、陈铁健、欧阳淞、张静如、黄如军、章百家、霍海丹、金冲及、张化、张启华、张树军；2013—2014 (27人) 比2012年增加高永中	无		2010—2014 任贵祥	2010—2014 王素莉	无	无	无	无

续表

序号	刊名	著录项目数量	顾问	编辑委员会主任	编辑委员会副主任	编辑委员会委员	社长	副社长	主编	副主编	编辑部主任	编辑部副主任	编辑	(本期)执行主编(编辑)
13	中国特色社会主义研究	9	2010—2013（15 人）王锐生、龙新民、石仲泉、李君如、李忠杰、吴树清、陈先达、邵维正、侯树栋、冷溶、徐崇温、陶一凡、赵曜、陶西平、黎赴朝；2014（14 人）王锐生、李伟、李君如、李忠杰、吴树清、陈先达、邵维正、侯树栋、冷溶、徐崇温、陶一凡、赵曜	2010 常卫、史秋秋；2011—2013 傅华、史秋秋；2014 崔耀中、韩凯	2010 丁力、闫志民；2011—2013 崔新建；2014 崔新建、许耀桐	2010（23 人）丁力、马仲良、王炳林、张文启、辛国安、李强、李翠玲、陈之昌、秦新建、史秋生、闫志民、刘阳、刘勇民、陈红太、周叔进、胡振良、姚桓、陈志宏、夏文斌、鄂建宁、崔新建、傅华、韩震；2011—2013（22 人）比 2010 年少丁力；2014（25 人）丰子义、王炳林、王祥武、王树荫、艾四林、龙登高、刘阳、张平、辛鸣、陈之昌、李强、李翠玲、杨春、杨生平、胡振太、胡振良、赵孟、秦宣、袁吉富、徐元启、徐志宏、夏文斌、夏春涛、鄂建宁、韩震	2010—2013 史秋秋；2014 韩凯	无	2010 丁力；2011—2014 崔新建	2010—2014 李翠玲	无	无	2010—2014 设 "编辑部" 成项；2010 刘慧婷、张俊华、庞方哲；2011—2014 减少刘慧婷	2010—2014 设 "执行编辑" 项